EVA GEHRKEN

Sachsens berühmte Frauen

Mit einem Geleitwort
von
INGRID BIEDENKOPF

TaVe

TAUCHAER VERLAG

KURZWEILIGES Nr. 28

Gehrken, Eva:
Sachsens berühmte Frauen / Eva Gehrken
1. Aufl.-[Taucha]: Tauchaer Verlag, 1999
ISBN 3-910074-98-7

Buchgestaltung: Helmut Selle
Herstellung:
Neumann & Nürnberger, Leipzig
Satz und Reproduktion:
XYZ-Satzstudio, Naumburg
Druck und Buchbinderei:
Westermann Druck Zwickau
Printed in Germany
ISBN 3-910074-98-7

INHALT

ZUM GELEIT

Dass die sächsischen Frauen besonders sind, habe ich schon als Kind in Leipzig erfahren können. Meine wundervolle Lehrerin, Frau Wagenknecht, die meine Volksschulzeit begleitet hat, war eine solche, typisch sächsische, warmherzige Frau. Sie hat mich – davon bin ich überzeugt – viel gelehrt, was mir heute oft hilft, den richtigen Weg zu gehen. Mit Frau Wagenknecht hat mich eine tiefe Freundschaft verbunden, die erst mit ihrem Tod im 91. Lebensjahr endete.

Viele sächsische Frauen haben besondere Begabungen. Abgesehen davon, daß sie meist sehr gut aussehen, verstehen sie auch, sich anzuziehen, dezent und fast immer mit einem Händchen für das richtige Accessoire.

Sie sind, und das gefällt mir besonders, sehr kinderlieb. Viele junge Frauen in Sachsen, die ich kenne, würden sofort noch Kinder haben wollen, wenn sie ihr Alter gesichert wüßten. Die meisten der Dreißigjährigen haben ja schon zwei Kinder. Aber viele hätten eben gerne mehr Kinder, und es würde ihnen überhaupt nichts ausmachen, vor allem Hausfrau und Mutter zu sein.

Sie würden ihre Zufriedenheit aus der Freude schöpfen, die die Beschäftigung mit und die Hingabe zu Kindern schenken kann. Eine wirkliche Entscheidung für Kinder und Familie können sie aber nur treffen, wenn die Rentenversicherung endlich reformiert und Frauen auch Sicherheit im Alter gewährt würde, die sich ihren Kindern und ihrem Haushalt widmen, also Familienarbeit leisten. Dann könnten sich die sächsischen Frauen ohne Sorge für ihr Alter ihre Kinderwünsche erfüllen.

Sächsische Frauen sind stark und hatten immer die Kraft, ihren eigenen Weg zu gehen. Sie haben diese Stärke sicher auch, weil sie durch ihr großes Verständnis für Kinder in sich selbst ruhen und so immer wieder aus einem Quell schöpfen können, den sie in sich tragen.

Ich bin davon überzeugt, daß die Sächsinnen auch in den vergangenen Jahrhunderten diese Kraft hatten, darum wundert es mich nicht, daß manche von ihnen eine Berühmtheit erlangt haben, die noch heute lebendig ist. Die Frauen, von denen in diesem Buch die Rede ist, sind ihren Weg gegangen, wie viele andere namenlose ihrer Zeit, und als sich die Chance bot, eine besondere Leistung zu erbringen, haben sie sie ergriffen.

Frauen, die ihren Kopf und ihr Herz fest in die Hand nehmen, können viel bewegen, manchmal vielleicht mehr als Männer, denen der besondere weibliche Kraftquell verschlossen ist und, weil sie, sicher auch deshalb, unbeirrbar den Weg gehen, den sie als den richtigen erkannt haben.

Ich freue mich, daß das vorliegende Buch über besondere sächsische Frauen geschrieben wurde, weil es eigentlich für viele Frauen in Sachsen steht, auch die, die in den 40 Jahren vor der Wende schier Unglaubliches geleistet haben. Und für viele, die sich auch heute ungenannt in vielfacher Weise für ihre Mitmenschen engagieren, und die durch ihren großartigen Einsatz dafür sorgen, daß unser Sachsen sein Herz behält.

Viele Sächsinnen werden sich in den geschilderten Schicksalen wiederfinden. Viele von ihnen wären ähnliche oder gleiche Wege gegangen, wenn die Umstände ihres Schicksals es ihnen erlaubt hätten.

Ein hohes Lied für sächsische Frauen, da stimme ich aus vollem Herzen ein.

Ingrid Biedenkopf

BERÜHMT – NICHT DER EHEMÄNNER WEGEN

Frau Biedenkopf hat es bereits gesagt: Eigentlich sind sie ja alle und jede für sich etwas Besonderes, die Frauen in Sachsen. Aber einige von ihnen haben sich auf eine höchst persönliche Art herausgehoben. Sie wurden berühmt, und an diese Frauen soll hier erinnert werden. Die Berühmtheit erlangten sie nicht durch die Position ihrer Ehemänner. Nicht deren Rolle in der Gesellschaft verhalf den Frauen zu ihrer Bedeutung. Nein, es war ihre eigene, ihre persönliche Entscheidung, etwas zu tun, zu verändern, etwas zu bewegen. Ihre Tatkraft, ihre Phantasie, ihr Engagement hoben diese Frauen heraus.

Fragt man nach berühmten Menschen, so werden zumeist und zuerst Männer genannt. Staatsmänner, Heerführer, Künstler, Philosophen, auch Eroberer. Und die berühmten Frauen? Auch sie gibt es, aber ihr Rampenlicht scheint etwas blasser. Deshalb sollen einige von ihnen hier ins rechte Licht gerückt werden.

In der Geschichte Sachsens haben sich Frauen schon früh herausgehoben. Bei einigen von ihnen ist ihr Ruf kaum über die Landesgrenze hinausgedrungen, andere haben viel Ruhm erworben weit über diesen Raum hinaus. Höchst unterschiedlich ist der Grund ihres Berühmtgewordenseins. Und dennoch ist da etwas, das die Frauen, von denen hier die Rede sein wird, verbindet: Sie alle nahmen die Rolle, die ihnen die Gesellschaft in ihrer Zeit zuwies, nicht an. Man kann von ihnen sagen, sie seien ausgestiegen aus den Konventionen. Zumindest für einen Abschnitt ihres Lebens wollten sie nicht eingegrenzt sein auf häusliche und familiäre Enge, sie wollten anderes, wollten Neues wagen, wollten auch etwas verändern.

Da ist Barbara Uthmann, eine wohlhabende Bürgerfrau in Annaberg zur Zeit Martin Luthers, die sich den verarmten Bergarbeiterfamilien zuwandte. Sie gab den Frauen die Möglichkeit, durch eigene Arbeit einen Teil zum Lebensunterhalt der Familie beitragen zu können. Durch ihr soziales Engagement half Barbara Uthmann, die Lebenssituation mancher Bergarbeiterfamilie in Annaberg zu verbessern.

Im geistigen Deutschland der Aufklärung drang der Ruf der Theaterprinzipalin Caroline Neuber weit über Sachsens Grenze hinaus. Die »Neuberin« zog mit ihrer Schauspieltruppe von Ort zu Ort. Auch sie wollte etwas verändern, wollte das Theater kultivieren. Durch ihre Darbietungen sollten die Zuschauer weggeführt werden von den derben Späßen des Hanswurst und aufgeschlossen werden für kunstvolles Spiel. Die Bürger sollten die Schauspielkunst als Teil ihrer Kultur verstehen.

Mutig drang die junge Wilhelmine Reichard in andere, in neue Sphären vor. Als erste deutsche Frau verwirklichte sie einen Menschheitstraum: fliegen.

Nur Ehefrau und Familienmutter zu sein genügte Clara Schumann nicht. Sie strebte danach, auch ihrem Künstlertum leben zu können. Ihre Konzertreisen als Pianistin führten sie über die Grenzen ihrer Heimat hinweg ins benachbarte Ausland, nach England und nach Rußland.

In die politischen Geschicke ihres Landes mischte sich Louise Otto-Peters ein, die 1848 zu den Mitstreitern für ein republikanisches Deutschland gehörte. Sie trat vor allem für eine Verbesserung der Lage der Frauen ein, für deren Rechte sie als Mitbegründerin des Allgemeinen Deutschen Frauenvereins stritt. Mit ihr zusammen arbeitete Henriette Goldschmidt, die besonders die Erziehungsarbeit an der nachfolgenden Generation aufwertete, sie im Sinne des Pädagogen Friedrich Fröbel als Teil einer Nationalerziehung verstand. Sie gründete Kindergärten, richtete Seminare zur Ausbildung der dort Tätigen ein und blieb dieser Arbeit bis ins hohe Alter verbunden.

All diese Frauen, die Engagierten, die Wagenden, die Veränderinnen, verdienen unsere Aufmerksamkeit. Sie sind bedeutend geworden auf dem Gebiet der Kunst, des Theaters und der Musik, auf dem Gebiet der Sozialpolitik oder im Bereich von Sport und Technik. Scheinbar ohne ihr Zutun ist Käthchen Schönkopf als Muse des jungen Goethe zu literarischem Ruhm gekommen. Sie verdient hier unter den bedeutenden Frauen genannt zu werden, nicht nur, weil sie den jungen Goethe durch ihre Liebe zu seinen frühen Werken inspiriert hat, sondern auch, weil diese junge Gastwirtstochter sich mit ihrer aussichtslosen Liebe zu dem Studenten in besonderem Maße gegen die herrschenden Konventionen der damaligen Gesellschaft gestellt hat.

Episodenhaft, in kleinen Geschichten, soll das Besondere der in die Geschichte Eingegangenen zum Ausdruck kommen, denn Geschichte wird durch Geschichten erhellt.

BARBARA UTHMANN

1514–1575

ZEITTAFEL

1492 Entdeckung der Erzadern am Schreckenberg im Erzgebirge

1496/97 Gründung der neuen Stadt Annaberg durch Herzog Georg von Sachsen

1499 Grundsteinlegung für den neuen Kirchenbau in Annaberg

1514 Barbara wird als Tochter des Bergsachverständigen Heinrich v. Elterlein und seiner Ehefrau Ottilie [vermutlich] im Nürnbergischen geboren

1519 Weihe der neuen Kirche, 6 Jahre später Vollendung des Baues

1526 Übersiedlung der Familie von Elterlein nach Annaberg

1535 Verheiratung Barbaras mit dem reichen Bergherrn Christof Uthmann

Geburt von 12 Kindern

1553 Christof Uthmann stirbt den Bergmannstod

1561 Einführung der Spitzenklöppelei im Erzgebirge [vermutlich] durch Barbara Uthmann

1575, 15. Januar Barbara stirbt in Annaberg

Denkmal der Barbara Uthmann in Annaberg.

RECHNEN KÖNNEN LOHNT SICH

Es ist ein heiterer Sommertag ANNO DOMINI 1560. Auf dem Marktplatz der noch jungen Stadt Annaberg herrscht reges Treiben. Händler bieten ihre Waren feil, die Dienstmägde feilschen und laufen beflissen mit ihren Körben von Marktstand zu Marktstand. In einer Ecke des Marktplatzes stehen einige Männer beisammen, die Schaube, ihren Umhang, locker über das Wams geworfen und diskutieren miteinander. Worüber? Über die Verteilung der Kuxe (Bergwerksanteil) an der neuen Erzgrube? Einige Frauen schreiten gemächlich den Weg hinan zu der großartigen St. Annenkirche. Stolz tragen sie ihre bestickten Hauben. Vorsichtig heben sie den bodenlangen, mit Borten reich geschmückten Rock an, um sicher gehen zu können.

»Zu den Reichen und Vornehmen dieser Stadt gehören wir nicht«, meint einer aus einer Gruppe von Männern und Frauen, die sich um den Marktbrunnen versammelt hat. »Noch nicht«, setzt er hinzu. Sie hatten sich im fernen Brabant aufgemacht, um in Annaberg ein neues Leben zu beginnen. Weit bis in die Niederlande war die Kunde von der reichen Stadt Annaberg, von den Silbererzgängen am Schreckenberg gedrungen. Ganz freiwillig hatten sie jedoch ihre Heimat nicht verlassen. Sie waren Anhänger der Lehre des Dr. Martin Luther geworden und wollten nicht davon ablassen. Lieber gingen sie in die Fremde, traurig, aber doch voller Hoffnung. Hier in Annaberg schien es Arbeit für sie zu geben, und in der großen Kirche betete man schon seit einigen Jahren nicht mehr den Rosenkranz.

Da öffnet sich das Portal eines der Patrizierhäuser, die den Marktplatz umstehen. Welch einen Reichtum strahlt dieses Haus aus! Es ist wohl das schönste Haus am Platz mit seinen großen Fenstern, den reichen Steinmetzarbeiten, seinem hohen Dach und den so zierlich wirkenden Schnitzereien an dem Portal. Heraus tritt eine Frau, nicht mehr ganz jung an Jahren. Aber ihre aufrechte Haltung, der zielstrebige Gang zeugen von Selbstbewußtsein, und der Schmuck an Rock und Mieder und an ihrer Haube läßt Wohlhabenheit erkennen.

Es ist Frau Barbara Uthmann.

Als sie 39 Jahre alt war, starb ihr Ehemann Christof Uthmann den Bergmannstod. Er hinterließ ihr nicht nur zwölf Kinder, sondern auch ein beträchtliches Vermögen, Gruben mit reichem Silbererz, ein Vermögen, das die Uthmannin zu mehren gedachte. Sie weiß: reich zu sein, Geld zu haben, bedeutet auch,

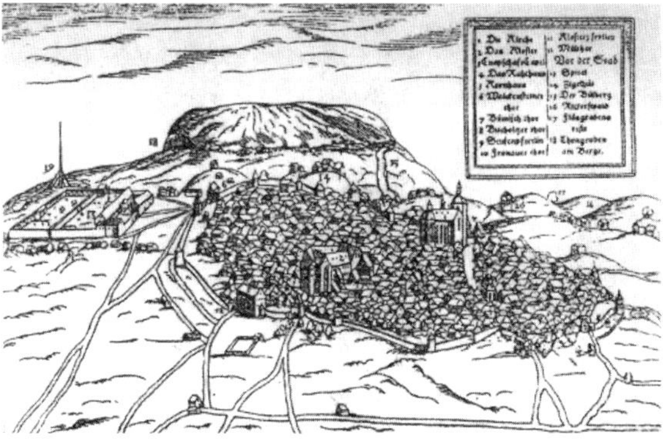

Annaberg im 16. Jahrhundert.

Macht zu haben. Jetzt ist sie 46 Jahre alt. Sie denkt nicht daran, nur die Wittib des reichen Christof Uthmann zu sein. Sie ist die Frau Barbara Uthmann, die Uthmannin, und sie nimmt das Lebenswerk ihres Mannes in festen Griff. Sie trifft Entscheidungen selbst, obwohl sie, wie andere Witwen auch, einen Vormund hat. Sie erscheint beim Rat der Stadt, um ihre Anliegen selbst zu vertreten. Die Männer wissen, daß Frau Barbara rechnen kann, ist sie doch als einziges Mädchen unter lauter Knaben beim Adam Ries in die Rechenschule gegangen. Den Männern und auch manchen Frauen ist es zuweilen schon ein Dorn im Auge, wie selbstverständlich die Uthmannin ihren Platz als Bergherrin unter den Bürgern Annabergs einnimmt.

Nun geht diese Frau auf die Gruppe der erst jüngst in die Stadt Gekommenen zu. Sie blickt kurz um sich, tritt dann näher heran und fragt: »Ist denn unter euch eine junge Frau, die mir helfen kann? Sie sollte wohl geschickte Hände haben!« »Elsbe, das wäre doch etwas für dich, dann hättest du eine Bleibe und dein Auskommen«, meint einer, der die Uthmannin und ihre Sprache verstanden hat. Er nickt der Angeredeten aufmunternd zu. »Und was die geschickten Hände angeht, die wirst du der Herrin schon zeigen.« Für Elsbe gibt es kein langes Überlegen. Sie nimmt ihr Bündel und geht mit Frau Barbara mit. Was wird ihre Aufgabe in deren Haus wohl sein?

»Elsbe«, sagt eines Tages die Uthmannin, nachdem sie Vertrauen zu der jungen Frau gefaßt hat und diese mit der ihr immer noch fremden Sprache besser umgehen kann, »Elsbe, das Silber fließt schon seit einigen Jahren nicht mehr so reichlich. Die Lage in den meisten Bergwerken ist schlecht. Früher haben wir Frauen hier um Annaberg Borten gewebt, für uns selbst, für unsere Kleidung, um uns schön zu machen. Manche Elle haben wir auch verkauft an die Aufkäufer, die durch den Ort kamen. Das gab etliche Taler in unsere Geldkatze. Aber nun kommen die Frauen der Bergleute zu mir und bitten: ›Frau Barbara, gebt uns Garn, und wir weben für euch die besten Borten. Noch ist keine echte Not bei uns, aber der Lohn unserer Männer ist gering. Das Brot wird immer teurer, und wir haben viele Mäuler zu stopfen, die der Kinder und die der Alten.‹ So reden sie. Geh in die Katen, Elsbe, bring ihnen Garn hin! Ich habe genug davon zurückgelegt. Wir werden den Frauen die Borten abkaufen und dann selbst zur Messe nach Leipzig fahren. Dort könnten wir einen guten Preis erzielen.«

Was Frau Barbara sich auch immer erdacht hat, es wird in die Tat umgesetzt. Immer mehr Frauen arbeiten für sie. Barbara entwirft Muster, neue, auch mit Gold- und Silberfäden durchwirkte, und die Frauen führen sie aus. Da sie gut rechnen kann und ihre Borten auch ausgefallene Muster aufweisen, bringt sie reichliche Erlöse aus Leipzig heim.

Die herangewachsenen Söhne kümmern sich indes um die Uthmannschen Berg- und Schmelzwerke, die bislang noch recht ertragreich sind. Ihre Töchter hat Frau Barbara mit stolzer Mitgift gut verheiratet. Tief bekümmert aber ist sie über jenen Sohn, der ihrem Christof so ähnlich sieht, dessen Augen gerade so strahlen, wie die seinen strahlten. Immer wieder hatte der Junge so hochfliegende Pläne, wollte nicht wie die anderen ins Bergwerk, sondern wollte etwas ganz Neues machen. Er wurde leichtsinnig, brauchte Geld, machte Schulden. Um den guten Namen der Uthmanns zu wahren, half sie ihm immer wieder, bezahlte für ihn. Aber nun protestieren seine Geschwister, und er sitzt beim Kurfürsten im Schuldturm. Das schmerzt sie zutiefst, wenn sie daran denkt. Sie stürzt sich in die Arbeit. Da fällt ihr ein Buch wieder in die Hände, das gerade dieser Sohn ihr einmal mitgebracht hatte. Sie liest:

Nüw Modelbuch

Allerley Gattungen Däntelschnür so dieser zeyt in hoch Tütschlanden geng und bräuchig sind zu underricht
von Lehrtöchtern und allen anderen schnürwürkeren…

Damals konnte sie nichts rechtes damit anfangen. Nun zeigt sie es Elsbe. O, wie leuchten deren Augen! Flugs läuft sie in ihre Kammer, holt feinstes Gewebe aus ihrer Habe, dazu ein flaches Kissen und kleine Holzstäbchen. »Spitze nennen sie dieses Gewebe«, erklärt Elsbe. Sie zeigt auf die Bilder in dem alten Musterbuch und weist auf die Holzstäbchen, zu denen sie Klöppel sagt. Und schon beginnt sie, Fäden auf das Kissen zu spannen, mit Hilfe der Klöppel Fäden zu drehen, Fäden zu kreuzen. Die Holzstäbchen klappern im Rhythmus des Musters. Frau Barbaras Augen werden größer und größer. Gespannt schaut sie dem Werden dieses Gewebes zu. Das ist ja viel schöner noch als ihre Borten! Und: das ist etwas ganz Neues hier in Annaberg, in Dresden und auch in Leipzig. Aber, halt! Hatte sie so eine wunderschöne Spitze nicht schon einmal gesehen? Barbara denkt nach. Ja, richtig, bei der Kurfürstin, der Frau Anna, als sie ihren Gemahl, den Kurfürsten

Arbeiterinnen beim Klöppeln und Vorstechen, 1763.

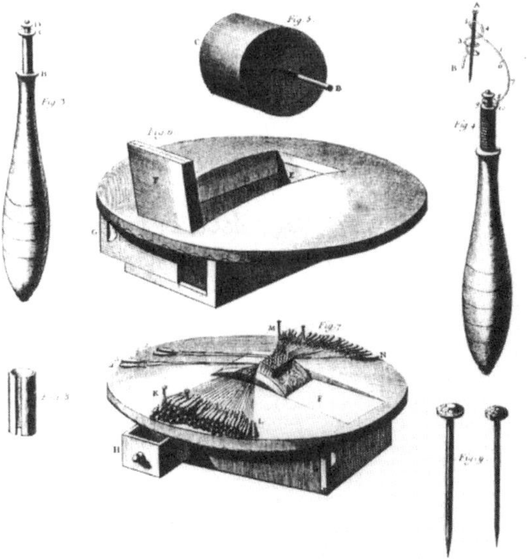

Handwerkszeug einer Klöpplerin.

August begleitete, der die Silbergruben in Annaberg besuchte. Und auch die venezianischen Kaufleute auf der Messe in Leipzig trugen solche Spitzen an den Ärmeln ihrer Kleider. Aber feilgeboten wurden sie nirgends. Warum hatte sie nur diesem Gewebe bisher so wenig Beachtung geschenkt? Nun ist sie voller Tatendrang: »Wir müssen das Spitzenklöppeln lernen, Elsbe!« Zuerst soll Elsbe sie und ihre Töchter anlernen. Sie läßt Kissen füllen, bestellt die Holzstäbchen beim Drechsler. Mühselig ist der Anfang, doch Barbara und ihre Töchter sind nicht ungeschickt, und allmählich entsteht auch unter ihren Händen die zarteste Spitze.

Hatte Frau Barbara sich früher um die Bildung der Uthmannschen Bergarbeiterfrauen gekümmert, sie Lesen, Schreiben und Rechnen gelehrt und auch die Fertigkeit im Weben der Borten gefördert, sollen sie nun auch das Klöppeln lernen. Der neue Zierrat wird sich gut verkaufen lassen. Und wieder einmal kann Barbara Uthmann in die Tat umsetzen, was sich zuvor in ihrem Kopf entwickelt hat. Sie entwirft für die Spitzen eigene Muster und baut neben dem Bortenhandel die Fertigung der Spitzen auf. Damit schaffte sie eine Hausindustrie der Frauen, deren Ertrag die kargen Löhne der Männer, der ersten Lohnarbeiter, ergänzte. Bis zu 900 Bortenwirkerinnen sollen für sie gearbeitet haben. Ob sie tatsächlich auch die Spitzenklöppelei im Erzgebirge eingeführt hat, ist historisch nicht ganz gesichert. Aber mit ihrer Lebensgeschichte ist ein tätiges Frauenleben, das Leben einer selbständigen Bürgerfrau, einer selbstbewußten Patrizierin in der Renaissance ungewöhnlich anschaulich überliefert.

In der Annaberger Chronik des Magisters Paulus Jenesius (1551–1612), in die deutsche Sprache übertragen von Georg Arnold (1580–1666), findet sich folgende Eintragung:

»1575. Den 15. Januarij stirbet Frau Barbara, Christof Uthmanns Wittib, eine Tochter Heinrichs von Elterlein, ein reiches Weib vom Bergwerck, der armuth geneiget, führet glücklich den Bortenhandel: eine Mutter von 64 Kinder und Kindeskinder. Hat stattliche Nahrung verlassen.«

FRIEDERIKE CAROLINE NEUBER

1697–1760

ZEITTAFEL

1697, 9. März als Tochter des Gerichtsinspektors Daniel Weißenborn und seiner Ehefrau Anna Rosine, geb. Wilhelm in Reichenbach/Vogtland geboren

1705 Tod der Mutter

1712 1. Flucht aus dem Elternhaus; Folge: 13monatige Haft

1716 2. Flucht mit Johann Neuber, den sie 1718 heiratet
1716–1726 Schauspielerin bei verschiedenen Komödiantengesellschaften
1727 Gründung der eigenen Neuber'schen Komödiantengesellschaft, Erteilung des sächs.-poln. Hof-Komödianten-Privilegs, Beginn der Zusammenarbeit mit Gottsched
1733 Tod August des Starken, das Privileg erlischt
1734 die Neuber'sche Bühne muß Leipzig verlassen, Erfolge in Straßburg und Frankfurt
1737 Rückkehr nach Leipzig
1738 Joh. Adolph Scheibe komponiert in Hamburg für die Neuber'sche Bühne erstmalig Theatermusiken
1740 auf Einladung der Zarin Anna nach St. Petersburg; Friederike Caroline Neuber als »Poetin« in Zedlers Universallexikon genannt
1741 zurück in Leipzig, Bruch mit Gottsched
1743 1. Auflösung der Neuber'schen Truppe
1744 Neugründung und erneute Rückkehr nach Leipzig
1748, im Januar Uraufführung von Lessings Erstlingswerk »Der junge Gelehrte«; Streit mit den konkurrierenden Gesellschaften
1750 endgültige Vertreibung der Neuber'schen Gesellschaft aus Leipzig, Auflösung der Truppe
1753 kurzes Gastspiel der Neuberin in Wien
1759, 3. März Tod Johann Neubers in Dresden
1760 die Preußen beschießen Dresden (Siebenjähriger Krieg), Flucht der Neuberin nach Laubegast
29. November Tod der Friederike Caroline Neuber in Laubegast
Am ersten Adventssonntag wurde sie auf dem Leubener Friedhof »in der Stille« beerdigt

THEATER ALS LEBENSELIXIER

Waren es die Glockenschläge der nahen Thomaskirche, die den achtzehnjährigen Studenten aus dem Schlaf aufgeweckt haben? Als Pfarrerssohn aus dem lausitzischen Kamenz ist ihm der Klang einer Kirchenglocke wohlvertraut. Nun muß er sich erst ein wenig besinnen. Ja, es war gestern abend sehr spät geworden. Mit einigen Freunden von der Universität hatte er wieder einmal die Neuber'sche Komödiantengesellschaft besucht, die in Zotens Hof ihre Vorstellungen gibt. Danach war er mit seinen Kommilitonen noch ins Gasthaus gegangen. Dort wurde diskutiert, reichlich Wein und auch der verderbliche Toback genossen, und es wurde viel erzählt über die Theaterchefin Friederike Caroline Neuber.

Eigentlich hat sich der junge Gotthold Ephraim Lessing in Leipzig an der Universität inskribieren lassen, um dort Theologie zu studieren. Aber will er wirklich Pfarrer werden? Leipzig hat ihm doch noch anderes zu bieten außer »Gottesgelahrtheit«. Hier gibt es neue Gedanken in der Philosophie, neue Bestrebungen in der Literatur. Hier kann er reiten, fechten, tanzen und: hier gibt es die Neuber'sche Bühne.

Oft haben die Studenten schon gemeinsam eine Theatervorstellung besucht, ersetzten auch das Orchester, wenn die Stadtpfeifer einmal wieder nicht spielen wollten. Und wie sie schwärmen für die schöne Komödiantin Christiane Lorenz! Den jungen Lessing hat sie ganz in ihren Bann gezogen. Er betet sie geradezu an.

»Glaube nur nicht, daß du dich ihr nähern kannst«, hatte einer der Freunde zu ihm gesagt, als sie gestern nach der Vorstellung in der Goldenen Traube beisammen saßen. »Die Neuberin achtet auf ihre Schäfchen. Sie ist schließlich die Prinzipalin der Truppe und achtet streng auf Sitte und Anstand, auf einen untadeligen Lebenswandel ihrer Akteure«, ergänzte Lessings Vetter Mylius, der auch gerade in Leipzig weilt und ihm den Besuch der berühmten Theatertruppe anempfohlen hat. »Und warum ist die Neuberin so streng?« wollte Lessing wissen. »Nun«, erhielt er zur Antwort, »sie will nämlich erreichen, daß ihr Publikum die Theaterleute nicht länger als verdorbenes Gesindel ansieht. Die Zuschauer sollen sie als bürgerlich anerkennen, das Theaterspielen als Kunst begreifen und einsehen, daß das Theater ein Teil ihrer bürgerlichen Kultur ist.« Nun wurde das Gespräch lebhafter, denn einer der jungen Studenten fragte zurück: »Was erzählst du da? Theaterspielen ist doch eine Kunst!« »Geworden, geworden, junger Freund, und auch längst noch nicht für alle«, mischte sich eine etwas brüchige Stimme aus dem Hintergrund der Wirtsstube ein, »das war doch nicht immer so!« »Woher wollt ihr das denn wissen?« meldete sich Lessing zu Wort. Auf diese Frage hatte der Alte nur gewartet. »Was wißt ihr schon von der Neuberin?« fing er an zu erzählen. »Ich kenne die Friederike Caroline noch aus ihrer Kinderzeit. Aus Reichenbach stammt sie und ist in Zwickau aufgewachsen. Leicht hat die Kleine es nicht gehabt mit ihrem jähzornigen Vater, der übrigens ein Gerichtsinspektor gewesen ist. Durchgeprügelt hat er sie, bis sie ihm davongelaufen ist. Da war ihre Mutter schon tot, und sie war fünfzehn Jahre alt«, damit hielt er inne. »Erzählt nur weiter! Wann war das wohl? Man kann ihr Alter so schlecht schätzen, aber jung ist sie jetzt ja nun gewiß nicht mehr.« »Nun«, setzte der den Studenten unbekannte Erzähler fort, »das muß so um 1712 gewesen sein, lange vor eurer Zeit. Sie war ja schon einmal weggelaufen vor den wüsten Drohungen ihres Vaters. Fast drei Monate hielt sie sich bei einer früheren Magd versteckt und wartete, daß der Gottfried Zorn etwas für sie beide tut. Der hatte nämlich als Gehilfe bei ihrem Vater gearbeitet, und ihm war sie auch für die Zukunft versprochen worden. Zorn war schon 24 Jahre alt, aber wohl ziemlich unentschlossen. Jedenfalls mußte sie zum Vater zurück, und der machte ihr nun erst recht das Leben zur Hölle. Da ist sie dann bald wieder abgehauen zu dem Zorn hin. Aber der muß wirklich ein schwächlicher Mensch gewesen sein, nicht so entschlossen wie sie. Er ist zwar mit ihr geflohen, aber die beiden kamen nicht weit. Friederikes Vater war ein Gerichtsinspektor und außerdem ganz außer sich vor Wut. Er ließ die beiden steckbrieflich suchen, machte eine Anzeige gegen die ehrlose Tochter und ihren Entführer. Sie wurden bald gefaßt. Dreizehn Monate sperrte man sie in den Kerker. Aber was hat es genützt? Bald nach ihrer Entlassung ist die Friederike wieder davon, wieder geflohen, diesmal mit dem Johann Neuber, den sie dann ja auch geheiratet hat. Vorher hieß sie Weißenborn.« Der Erzähler verstummte, aber seine Zuhörer bedrängten ihn mit neuen Fragen. »Was wißt ihr denn über den Neuber, wo ihr euch doch offenbar recht genau auskennt?« wollten sie erfahren. »Also der Johann Neuber, so viel kann ich euch noch berichten, ist der Sohn eines Gutsbesitzerehepaares. Aus Reinsdorf kommt er, nicht weit von Zwickau. Dort hat er auch die

Lateinschule besucht. Aber weil sein Vater so früh starb, konnte er nicht hier in Leipzig studieren, wie er es eigentlich vorhatte. Das Geld fehlte ihm. Wie und wo er die Friederike kennengelernt hat, das habe ich nie erfahren. Jedenfalls war er für das junge Ding ein verläßlicherer Freund als Zorn.« Die Neugier der Studentengruppe wuchs. Man nahm plötzlich Anteil am Schicksal der Prinzipalin. Wie sie denn zum Theater gekommen sei, wollten die Zuhörer wissen. »Ja wo sollte denn so eine davongelaufene Frauensperson hin? Genau weiß ich auch nicht, wie sie zu dem Spiegelberg gekommen ist. Sie hatte sich jedenfalls mit dem Neuber – das war noch vor ihrer Heirat – der Spiegelberg'schen Komödiantengesellschaft angeschlossen, und das war damals eine der renommiertesten Theatertruppen. Bei den Theaterleuten mußten sie und ihr Neuber nicht hungern, wenn es auch dort nicht gerade üppig zuging, und ein Lager zur Nacht gab es auch. Zudem war sie auch eine echte Komödiantin, das ist sie heute mit ihren fünfzig Jahren noch immer. Und sie konnte tanzen, singen, sie war kokett, ihr Lachen steckte an. Sie trat sogar in Hosenrollen auf, was schon ein Skandal war, und gewann doch ihre Zuschauer. Nachdem sie bei mehreren so guten Truppen gespielt hatte, war es für sie ein wichtiges Ziel, eine eigene Komödiantengesellschaft zu gründen. Stellt euch vor: sie als Frau mit einer eigenen Gesellschaft, die nach ihren Ideen, nach ihren Plänen Theater spielen sollte.«

»Herr Wirt, noch einen Krug Wein für uns und unseren Doktor Allwissend. Dessen Kehle wird allmählich trocken sein vom Erzählen!« rief Vetter Mylius. Und nun erfuhren die gebannt zuhörenden

Studenten aus dem Mund des Alten, daß die Neuber'sche Truppe schon weit herumgekommen war, daß sie in Straßburg und Frankfurt Erfolge gehabt und auch in Hamburg und St. Petersburg gespielt hatte. Aber Leipzig, berichtete der Alte, sei immer von der Neuberin als ihre Heimat betrachtet worden. Hier gelang es ihr tatsächlich, auch die vornehmeren Bürger der Stadt in ihr Theater zu holen, immerhin war ihrer Truppe vom König selber das sächsisch-polnische Hof-Komödianten-Privileg erteilt worden. Sogar der gelehrte Herr Professor Johann Christoph Gottsched von der Leipziger Universität saß auf den Bänken ihres Theaters. Auch ihn hatte Leipzig angezogen. Er war aus Königsberg in das Mekka der Gelehrten wie der Kaufleute gekommen. Denn nicht nur die Handelswege von Nord nach Süd und von Ost nach West kreuzten sich hier. Auch für die Gelehrsamkeit war Leipzig mit seiner nun schon 300 Jahre alten Universität ein bedeutender Ort. Gottsched freute es besonders, daß hier, bei der Neuber'schen Truppe, auf eine andere, ja, eine neue Art Theater gespielt wurde. Die Neuberin wollte nicht mehr die albernen Stegreifpossen auf die Bühne bringen, nicht den Hanswurst, der seine derben, manchmal auch rohen Späße mit dem Publikum trieb. In ihrer Truppe hatten sich Schauspieler zusammengefunden, die mehr konnten als nur schallendes Gelächter hervorzurufen. Bei ihr sollte daher die feine galante Art des französischen Theaters gepflegt werden. Auf den Hanswurst, den es schon so lange auf der Bühne gab, konnte und wollte sie verzichten und dadurch ein neues Publikum für ihr Theater gewinnen. Das imponierte dem Herrn Gottsched, und er versprach

Mit Hoher Obrigkeitlicher Bewilligung
Wird heute von den
Königl. Polnischen Churfürstl. Sächsischen
und
Hochfürstl. Braunschw. Lüneb. Wolffenb.
nunmehro auch
Hochfürstl. Schleßwig-Holsteinischen

Hof = Comödianten

Ein deutsches Schauspiel vorgestellet werden,
Genannt:

Das ruchlose Leben und erschreckliche Ende des Welt-bekannten Ertz-Zauberers

D. Johann Fausts.

Daher wird unter andern vorkommen, und zu sehen seyn:

Ein grosser Vorhof an des Pluto unterirdischem Pallaste an den Flüssen Lethe u Acheron

Auf dem Flusse kömmt Charon in seinem Schiffe gefahren, und zu ihm Pluto auf einem feurigen Drachen, welchem seine gantze unterirdische Hofstatt und Geister folgen.

D. Fausts Studirstube und Bücher-Kammer. Ein annehmlicher Oberirdischer Geist singt unter einer sanften Musick, folgende bewegliche Arie.

Fauste! was ist dein Beginnen?
Ach, was hast du doch gethan!
Bist du denn nun gar von Sinnen
Und gedenckest nicht daran
Daß an statt der Freud, die Pein
Und die Quaal wird ewig seyn!

Ist dir denn die Lust zur Sünde,
Lieber als dein ewig Wohl!
Machst du dich zum Höllen Kinde
Das doch in den Himmel soll!

Ist dir der Verdammten Lohn,
Lieber als des Himmels Thron.

Kan dich denn gar nichts bewegen?
Sich so schau den Himmel an,
Wenn er durch viel Tropfen Regen,
Dich nicht gnug erweichen kan:
Mach dadurch dein Hertze weich,
Und erwehl das Himmelreich.

Ein Raabe kömmt aus der Luft und hohlet die Handschrift des D. Fausts.

HansWurst geräth ohngefehr über seines Herrn des D. Fausts Zauberey. Er muß stehen bleiben und kan nicht vom Platze gehen, bis er die Schuhe ausgezogen hat. Die Schuhe tantzen mit einander auf eine lustige Arth.

Ein fürwitziger Hof-Bedienter, welcher dem D. Faust verspottet, bekömmt sichtbarlich Hörner an der Stirne.

Ein Bauer handelt dem D. Faust ein Pferd ab, und so bald er es reitet, verwandelt sich das Pferd in ein Bündgen Heu. Der Bauer will den D. Faust darüber zu Rede stellen, Faust stellt sich als ob er schliefe, der Bauer zupft ihn,und reist ihm ein Bein aus.

Hans Wurst will gerne viel Geld haben, ihn zu vergnügen, läßt ihn Mephistophiles Gold regnen.

Die schöne Helena singt unter einer angenehmen Musick eine dem D. Faust unangenehme Arie, weil sie ihm damit seinen Untergang ankündiget.

D. Faust nimmt von seinem Famulo Christoph Wagnern Abschied. HansWurst macht sich auch davon, und die Geister hohlen den D. Faust unter einem künstlich-spielenden Feuer-Wercke hinweg.

Der unterirrdische Pallast des Pluto zeiget sich nochmahls. Die Furien haben den D. Faust, und halten um ihn herum ein Ballet, weil sie ihn glücklich in ihr Reich gebracht haben.

Das übrige wird angenehmer zu sehen als hier zu lesen seyn.

Der Anfang ist um halb 5. Uhr, in dem so genannten Opern-Hause auf dem Gänse-Marck in Hamburg. Die Person giebt auf den ersten Rang-Logen 2 Marck, auf den andern Rang-Logen 1. Marck 8. Schill. Parterre 1. Marck und Gallerie oder auf dem letzten Platz 8. Schill.

Montags, den 7. Jul. 1738. Johann Neuber

Theaterzettel einer Faust-Aufführung von F. C. Neuber und ihrer Truppe im Opernhaus Hamburg, 1738.

ihr, die ständig auf der Suche nach guten Stücken war, diese zu liefern: Theaterstücke, die die feine galante französische Lebensweise in ihren Texten widerspiegeln. «Und er, der Johann Neuber? Welche Rolle spielt er eigentlich in der Truppe?« wollte einer der Studenten wissen. »Nun ja, er ist ein etwas unscheinbarer Mann und mehr hinter der Bühne vonnöten. Er kümmert sich um die ganze Organisation, um die immer ziemlich aufwendige Vorbereitung der Gastspiele. Er berät die Prinzipalin und steht doch eigentlich immer in ihrem Schatten.

Aber wie es so geht im Leben, Konkurrenzneid und Intrige gibt es überall, bei den Theaterleuten vielleicht ganz besonders heftig«, setzte der Alte seine lange Rede fort, nachdem er einen kräftigen Schluck aus dem Becher genommen hatte, »andere Schauspieltruppen machten der Neuberin ihre Spielstätte streitig, die Zusammenarbeit mit dem Professor Gottsched zerbrach. Auch viele Schauspieler wanderten ab, um etwa in Wien Theater nach der ›Leipziger Schule‹ zu spielen. Da blieben rasch Besucher aus und die Kassen leer. Das Geld reichte nicht mehr. Sie löste ihre Truppe auf. Aber konnte sie ohne Theater leben? Ein Jahr später, nun, das war gerade vor drei Jahren, also im vierundvierziger Jahr, sammelte sie eine neue Schar um sich und kehrte damit nach Leipzig zurück. Und heute abend habt ihr sie hier wieder einmal selbst erlebt.« Mit diesen Worten endete er. »Ein Hoch auf die Neuberin!« scholl es da laut durch die Gaststube, und der fröhliche Ruf drang bis nach draußen auf die Gasse.

So oder so ähnlich hat Gotthold Ephraim Lessing den vorherigen Abend erlebt. Über das, was

Das Sterbehaus der Neuberin am Laubegaster Elbufer.

danach geschieht, berichten die Chronisten: Abend für Abend zieht es ihn in das Neuber'sche Theater. Trockenes Brot ißt er, sich das Eintrittsgeld für die Vorstellungen damit vom Munde absparend, denn er will keinen Theaterabend versäumen. Er fängt auch an, für die Neuberin tätig zu werden, übersetzt Theaterstücke aus dem Französischen für sie, wie z. B. die »Marianne« von Voltaire. Dafür wird ihm freier Eintritt gewährt. Fortan lebt er mehr mit dem Theater als mit der Universität. Von der Neuberin, durch ihre Theaterarbeit lernt Lessing die Grundgesetze der dramatischen Dichtung kennen. Seiner besorgten Mutter schreibt er, daß er wohl meint, das Studium der gelehrten Schriften halte ihn vom wirklichen Leben fern. Dieses Problem macht er zum Thema seines Erstlingswerkes »Der junge Gelehrte«, das zu seiner großen Freude von der Neuber'schen Truppe 1748 uraufgeführt wird. Ein weiteres Werk von Lessing kann die Neuberin nicht mehr inszenieren. Ihr Publikum bleibt aus, wendet sich anderen Truppen zu. Begabte Schauspieler verlassen sie, die Schuldenlast wird drückender. Aus Leipzig wird sie endgültig vertrieben.

Die Neuberin ist müde geworden. Immerhin bringt sie es noch zu Erfolg bei der Kaiserin Maria-Theresia in Wien. Noch einmal versucht sie, mit einer Handvoll Akteuren in Dresden Theater zu spielen. Aber ihre Zeit ist vorbei.

Der dritte Schlesische Krieg, später der Siebenjährige Krieg genannt, hat 1756 begonnen und nun auch Sachsen erreicht. Für Komödianten ist kein Platz mehr. Friederike Caroline und Johann Neuber finden Unterschlupf in einer Kammer beim kurfürstlich-königlichen Leibarzt Dr. Löber in Dresden,

Das Neuberin-Denkmal in Laubegast.

einem Verehrer ihrer Kunst. Dort stirbt Johann Neuber am 3. März 1759. Als Löbers Haus von preußischen Truppen beschossen wird, flieht die Familie in das Dorf Laubegast. Dort mietet der Arzt für die Neuberin eine Stube, die sie aber verlassen muß, als sie krank wird. Der Besitzer fürchtet das Unglück, das der Tod einer Komödiantin, einer unehrenhaften Frau, bringen kann. Sie findet eine andere Stube, in der sie am 29. November 1760 stirbt. Am Tag darauf erhält sie, wie viele Verstorbene in dieser Kriegszeit, ein einfaches Begräbnis für Arme ohne Trauerfeier.

Sie hat immer Großes gewollt und auch Großes geleistet. Sie hat als Frau eine Komödiantengesellschaft geführt, hat immer um ihre Position kämpfen müssen und hat – wie sollte es anders sein – auch ihre Fehler gemacht, jedoch nie ihr großes Ziel aus den Augen verloren: eine bürgerliche Theaterkultur zu schaffen. In Laubegast bei Dresden führt noch heute die Neuberinstraße zum Laubegaster Elbufer, und ein Gedenkstein erinnert an Friederike Caroline Neuber.

ANNA KATHARINA (KÄTHCHEN) SCHÖNKOPF

1746–1810

ZEITTAFEL

1746, 22. August als Tochter des Zinngießers Christian Gottlob Schönkopf und seiner Ehefrau Katharina Sibylla geb. Haube in Leipzig geboren

1756 der Vater gibt die Zinngießerei auf und eröffnet einen Weinschank

1765, Oktober der 16jährige Goethe kommt zum Studieren nach Leipzig

1766, Anf. April 1. Begegnung Käthchens mit dem jungen Goethe
1766, 26. April Goethe erklärt ihr seine Liebe
1767, November Höhepunkt der Liebe zwischen Goethe und Käthchen
1768, April aus der Liebe wird Freundschaft
1768, August Goethe kehrt nach Frankfurt zurück
1770, 7. Mai Käthchen vermählt sich mit Dr. jur. Christian Karl Kanne, der später Senator und 2. Bürgermeister von Leipzig wird
1810, 20. Mai Käthchens Tod; sie wird auf dem alten Leipziger Johannisfriedhof bestattet, wie ihr Ehemann 4 Jahre zuvor

Der junge Johann Wolfgang Goethe.

TANDERADEI – DIE LIEBE IST EIN WUNDERSAMES SPIEL

Geschäftig eilt die junge Bedienerin im Gast- und Schankhaus Schönkopf am Brühl in Leipzig von Tisch zu Tisch. Es ist um die Mittagszeit. Da kommen viele Gäste, zumal jetzt im April, zur Zeit der Ostermesse des Jahres 1766. Anna Katharina heißt sie, doch die meisten Gäste rufen sie nur »Käthchen«. Sie kennen die Tochter des Hauses schon von früheren Besuchen und schätzen ihre offene, liebenswürdige Art.

Hin und wieder gleiten Käthchens Blicke zur Eingangstür. Ein wenig neugierig ist sie, wie junge Mädchen so sind, und erwartungsvoll, wenn ihnen ein junger Mann angekündigt wird. Hatte doch gestern der Dr. Schlosser aus Frankfurt, der bei den Schönkopfs einmal wieder Logis genommen hat, ihr gesagt, er werde heute einen jungen Freund mitbringen. Und dabei hatte er so seltsam, so vielsagend gelächelt. Wer wird da kommen? Wen wird er mitbringen?

Da öffnet sich die Tür, und die zwei Herren treten ein. Artig mit einem leichten Knicks grüßt Käthchen die Gäste. Die streben sogleich der großen Tischgesellschaft am Fenster zu. Käthchen beobachtet sie aus sicherem Abstand, sieht verstohlen hin. Sie hört, wie der Dr. Schlosser seinen Freund vorstellt: Es ist der Student der Rechtswissenschaft Johann Wolfgang Goethe. Nein, sie kennt ihn nicht – noch nicht. Etwas stutzerhaft sieht er aus, dieser Herr Goethe, denkt sie. Und dann diese scharfe Nase! Aber seine Augen! Die nehmen sie sogleich gefangen, sie blicken so warm und entgegenkommend. Nun tritt sie an den Tisch, nach dem Begehr der Gäste zu fragen. Warum ist sie nur so erregt, als sie neben dem jungen Mann steht? Wie jung er aussieht! Ein Jüngling noch. Und Goethe? Er schaut sie an, schaut in ihr sanftmütiges, freundliches Gesicht und vergißt alle vorherigen Wünsche. Dieses muntere, liebevolle Wesen gefällt ihm sogleich. Beider Blicke begegnen sich, und beiden scheint diese Begegnung recht angenehm zu sein. Und nun beginnt die große Leipziger Liebelei.

Käthchen ist ein tugendhaftes junges Mädchen, sie hält sich zurück. Aber wie glücklich ist sie, wenn sie ein kleines Billet von »ihm« empfängt, wenn »er« ihr Verse schreibt, Briefchen schickt. Sogar ein hübsches Etikett für des Vaters Weinflaschen stellt er her. Das macht sie froh.

In dem Jüngling indes ist der junge Mann aufgewacht. Die Namen vieler Leipziger »Mädgen« beleben seine Briefseiten an die Schwester Cornelia nach Frankfurt. Ob er sie alle wirklich gesehen hat? Er liebt sie bereits innig, wenn nur ihr Name fällt, wie zum Beispiel der von Auguste in Dresden, der Schwester seines Studienfreundes Behrisch, die er nie zu Gesicht bekommen hat. Doch er schreibt: »Hölle! Das gute Mädgen haben wir seit guten vier Wochen ganz vergessen!« Warum? Weil es für ihn das Käthchen gibt! Ihm ist sie auch sein Ännchen oder die Annette. »Vraiment, j'aime les filles toutes ensembles ...«, ruft er aus. Er liebt alle zusammen und alle in der einen.

Und Käthchen liebt ihn auch, weniger heftig, auf ihre sanfte Art. Sie hört ihm voller Teilnahme zu, wenn er ihr seine jugendlichen Arbeiten vorliest. Man spielt gemeinsam mit anderen jungen Leuten im Hause Schönkopf Theater. Goethe und Käthchen oder Käthchen und Goethe tragen zusammen Lieder vor, die ihr Bruder Peter Schönkopf auf dem Klavier begleitet. So unschuldig klingt das alles und ist doch so voller Gefühl, voller Zartheit und auch voller Heftigkeit in den Empfindungen!

Tanderadei! Bunte Bänder, aufblühende Knospen, ein Sommer voller Tändelei und Seligkeit. Schon wenige Tage nach der ersten Begegnung im Haus auf dem Brühl, Ende April 1766, gesteht er ihr seine Liebe. Seine Briefe an Käthchen sind voller Liebeslust, er verfaßt Lieder für sein Ännchen und widmet Gedichte seiner Annette.

An Annetten

Es nannten ihre Bücher
Die Alten sonst nach Göttern,
Nach Musen und nach Freunden,
Doch keiner nach der Liebsten;
Warum sollt' ich, Annette,
Die du mir Gottheit, Muse
Und Freund mir bist und alles,
Dies Buch nicht auch nach deinem
Geliebten Namen nennen?

Ännchen ist ihm so angenehm, »daß sie wohl verdiente, in dem Schrein des Herzens eine Zeitlang als eine kleine Heilige aufgestellt zu werden«, heißt es später in »Dichtung und Wahrheit«. Aber das klingt abgeklärt und läßt kaum etwas von der Leidenschaft und auch von der Eifersucht zwischen den beiden Liebenden ahnen.

»Noch eine Nacht, wie diese«, schreibt er an Freund Behrisch, »und ich komme für alle meine

Leipzig im 18. Jahrhundert.

Sünden in die Hölle!« Wie quält ihn die Eifersucht! »Die Liebe lehrt mich klagen, liebt ich dich nicht so sehr, ich würde dich nicht plagen.« Käthchen soll im Theater sein. »Ha! in der Komödie! Zu der Zeit, da sie weiß, daß ihr Geliebter krank ist.« Auch dann, nachdem sich Käthchens Unschuld erweist: »Die Erinnerung überstandener Schmerzen ist Vergnügen.«

Und Käthchen? Sie sei nicht kokett wie andere Leipziger Mädgen, sagt er von ihr. Koketterie und Eifersucht gehen wohl mehr von dem Jüngling aus. Schon fast 20 Jahre alt ist sie bei der ersten Begegnung mit Goethe. Sie habe Heiterkeit und Ruhe ausgestrahlt, wird über sie berichtet. Sie teilt wohl seine Leidenschaft nicht ganz und verhehlt sich auch nicht die Tatsache, daß seine Huldigungen »nur« eine hoffnungslose Studentenliebe sein können. Sie ist nicht sehr belesen. So will er sie erziehen. Er »hofmeistere« an ihr, berichtet er seiner Schwester. Sie nimmt es offenbar geduldig hin, kümmert sich ein wenig um ihn, näht ihm auch Manschetten. Sie habe ihn wirklich von Herzen geliebt und was sie nur konnte ihm zu Gefallen getan, ist in »Dichtung und Wahrheit« zu lesen.

Verliebt in seinen Namen, wie Goethe selbst bekennt, hat er diesen in die glatte Rinde eines Lindenbaumes geschnitten. Als seine »Neigung zu Annetten in ihrer besten Blüte« war, – im Herbst 1767 – schneidet er den ihren darüber. Aber mit seinen Launen bereitet er ihr allzu viel Verdruß, bricht Streit vom Zaun, quält sie mit seinen Worten. »Frühjahrs besuchte ich zufällig die Stelle, und der Saft, der mächtig in die Bäume trat, war durch die Einschnitte, die ihren Namen bezeichneten und die noch nicht verharscht waren, hervorgequollen und benetzte mit unschuldigen Pflanzentränen die schon hart gewordenen Züge des meinigen. Sie also hier über mich weinen zu sehen, der ich oft ihre Tränen durch meine Unarten hervorgerufen hatte, setzte mich in Bestürzung.« Er empfindet Reue, Trauer, will abbitten und weiß doch, daß er ihre Liebe verloren hat.

Wieder ist es April geworden. Zwei Jahre sind vergangen, seit Goethe und Käthchen einander zum ersten Mal sahen. Zwei junge Menschen haben während dieser Zeit Glück und Seligkeit erlebt, aber auch Launen, Eifersucht und Tyrannei seitens des Liebhabers. Jetzt ist die große Leidenschaft, ist das Feuer der Liebe erloschen. Noch verbindet beide eine stille Freundschaft. Er darf an ihrem Schreibsekretär sitzen, während sie mit dem Zukünftigen ins Theater geht. Er habe doch immer etwas in Versen oder in Prosa zu Papier zu bringen.

Im Spätsommer desselben Jahres kehrt Goethe nach Frankfurt zurück, nicht ohne seine Liebe zu Käthchen in Versen gespiegelt zu haben. »Daraus entsprang die älteste meiner überbliebenen dramatischen Arbeiten, das kleine Stück ›Die Laune des Verliebten‹, an dessen unschuldigem Wesen man zugleich den Drang einer siedenden Leidenschaft gewahr wird.«

Käthchen hat sich inzwischen verlobt und bald, nachdem Goethe Leipzig verlassen hat, ihren Herrn Kanne geheiratet. Offenbar ist ihr weiteres Leben fern einer öffentlich gewordenen Bedeutsamkeit verlaufen. Dem jungen Goethe war sie, wie er bekannte, Gottheit, Freund und Muse gewesen, jene Muse, die ihn zu seinen frühen Dichtungen inspirierte. Liebelei und Launenhaftigkeit, Tanderadei und bunte Bänder, Tränen und neue Zärtlichkeit – zwei Jahre einer leidenschaftlichen Liebe haben ihr Unsterblichkeit verliehen, der kleinen Demoiselle Käthchen Schönkopf.

JOHANNE WILHELMINE SIEGMUNDINE REICHARD

1788–1848

ZEITTAFEL

1788, 2. April als Tochter des fürstlichen Mundschenken Siegmund David Schmidt und seiner Ehefrau Juliane Wilhelmine Henriette geb. Lüdecken in Braunschweig geboren

1806, 6. August Verheiratung mit dem Aeronauten und Chemiker Professor Johann Karl Gottfried Reichard (geb. am 26. 03. 1786 in Braunschweig)

Übersiedlung des Paares in den Plauenschen Grund bei Dresden

1810–1835 insgesamt 16 Luftreisen von Gottfried Reichard
1811–1820 insgesamt 17 Luftreisen von Wilhelmine Reichard
1820, 16. August Wilhelmines Start in Wien, danach im Oktober der letzte in München
ab 1820 Familienmutter; Erziehung von ingesamt 7 Kindern (ein 8. Kind starb früh) Gründung (und später Erweiterung) einer Fabrik zur Herstellung pharmazeutischer und techn.-chem. Präparate (insbesondere für Färbereien, Zeugdruckereien, Fabrikation von Schwefelsäure) durch Gottfried Reichard unter Mithilfe seiner Ehefrau
1844, 27. März Tod Gottfried Reichards
1848, 23. Februar Tod Wilhelmine Reichards; sie wurde, wie auch ihr Ehemann, auf dem Friedhof in Freital-Döhlen beerdigt

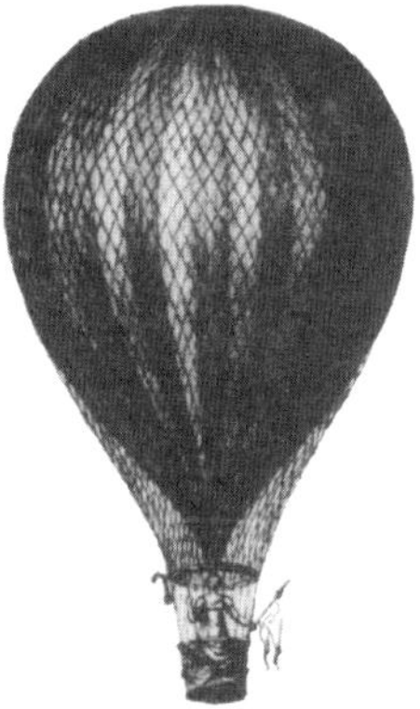

GLEICH EINEM SONNENSTÄUBCHEN IM WELTALL SCHWEBEND

KÜHLER Septemberregen durchnäßt die vielen Menschen, die in die Rammische Gasse vor dem Pirnaischen Tore am Rande der Stadt Dresden gekommen sind. Sie lassen sich durch Regen und Wind an diesem Montag, dem 30. September des Jahres 1811, nicht davon abbringen, dem zu erwartenden Riesenspektakel zuzuschauen. Da will sich doch tatsächlich eine Frau mit Hilfe eines Ballons in die Lüfte erheben. »Habt ihr ihren Namen behalten?« »Ja, Wilhelmine Reichard heißt sie.« »Ob sie bei diesem Wetter wirklich aufsteigen kann? Dem Schneider von Ulm ist sein Flugversuch auch nicht gut bekommen.« »Aber die Minna Reichard hat doch schon zweimal einen Flug ausprobiert, und es ist beide Male gut gegangen.« So wogt das Gerede der Schaulustigen hin und her. »Seht nur, bei dem starken Wind läßt sich der große Ballon kaum noch am Boden halten! Immerhin soll er ein Gewicht von 170 Pfunden haben!«

Mit Sorge, ja, mit Bestürzung muß der erfahrene Gottfried Reichard, der Ehemann der mutigen jungen Frau zuschauen, wie sich einige Windseile von dem Ballon lösen. Eine neue Sturmböe fällt herein. Sie zerreißt auch noch das Netz, das den Ballon umgibt, am oberen Teil in der Gegend des Ventils. Er weiß um die Gefahr und versucht, seiner Wilhelmine das Vorhaben auszureden. Er beschwört sie geradezu. Wenn das Ventil seine Dienste versagt, so schrieb er später auf, sei es fast unmöglich, das Zerspringen des Balles und einen jähen Sturz zur Erde zu vermeiden. Wie sorgt er sich um das Leben der dreiundzwanzigjährigen Mutter seiner beiden Kinder! Doch Wilhelmine Reichard bleibt unbeirrt. Sie ist schließlich nicht unvorbereitet, hatte Studien über Aeronautik betrieben, sich mit den Winden vertraut gemacht. Ja, vor einigen Monaten, im April, hatte sie ihrem ersten Aufstieg in Berlin wirklich mit Zittern und Zagen entgegengesehen. Aber sie hatte die lebensgefährliche Probe bestanden, war 90 Minuten durch die Lüfte gefahren und glücklich auf der Erde gelandet. Nur drei Wochen später wiederholte sie das Experiment. Da hatte es aber nicht nur geregnet, es gab auch noch ein Gewitter, das sie bereits nach einer Viertelstunde Luftfahrt zur Landung zwang. Aber der Ballon, den ihr Mann konstruiert und gebaut hatte, hatte sich als fahrtüchtig erwiesen. Ihm will sie sich auch heute anvertrauen, dem Ballon, ihrem Geschick im Umgang mit dem Gefährt und der ihr eigenen Zuversicht. Nein, heute muß gestartet werden. Was sollen all die vielen Leute von uns halten, die hierher gekommen sind zum Zuschauen. Viele von ihnen, die nun hier draußen in Wind und Wetter stehen, sind doch schon seit drei Wochen ins Hotel de Pologne gekommen, haben ihren Eintrittspreis bezahlt, um den Ballon aus der Nähe anschauen zu können. Andere haben sich an den Füllungskosten beteiligt und uns auf diese Weise unterstützt. Diese Gedanken mögen der jungen Frau durch den Kopf gegangen sein. Auch der König hatte gnädigst geruht, seine Erlaubnis zu der »allhier zu unternehmenden Luftreise« zu erteilen. Und nun hatte der Start schon mehrfach verschoben werden müssen, weil die für die Füllung des Ballons benötigte Schwefelsäure nicht rechtzeitig eintraf.

Wilhelmine hat mit ihrem Mann alles sorgfältig vorbereitet, und nun will sie starten. Und die Leute wollen ihr Schauspiel, das sie eigentlich schon gestern am Sonntag erwartet hatten. Sie wollen miterleben, wie sich das Frauenzimmer in die Lüfte erhebt und ahnen doch nichts von der Gefahr.

Es ist gegen 4 Uhr am Nachmittag. Noch einmal bittet Gottfried Reichard seine Frau, das Vorhaben zu verschieben, auf günstigeres Wetter zu warten. Er wendet sich den Umstehenden zu, um sie am Vorwärtsdrängen zu hindern. In dem Augenblick besteigt Wilhelmine die Gondel, einige Handgriffe sind nötig, und schon schwebt der Ball empor. Wilhelmine wirft, wie bei den anderen Starts auch, bunte Fähnchen aus dem Korb, die der Wind aber rasch verwirbelt. »Sie fliegt!« »Sie steigt auf!« »Grüße den Himmel!« rufen die Zuschauenden durch Regen und Wind. Da, plötzlich, was ist das? Das Netz droht sich in den Zweigen einer Baumkrone zu verwickeln. Geistesgegenwärtig biegt Wilhelmine vom Korb aus die Zweige zurück. Weit lehnt sie sich über seinen Rand und wirft die letzten drei Pfund Ballast ab. »Der Ball ist frei! Der Ball ist frei! Er steigt!« klingt es aus vielen Kehlen. Langsam gewinnt er an Höhe. Und dann – Gottfried Reichard erkennt als erster, daß der Ballon sich wieder senkt und der Erde näherkommt. Jetzt muß er sich auf das geschickte Handeln Wilhelminens verlassen. Diese warf, wie er in seinem Bericht über diese dritte Luftfahrt seiner Frau mitteilte, »ihr letztes Erleichterungsmittel, den Anker mit dem Tau, von sich; und nun erfolgte das Aufsteigen in mäßiger Geschwindigkeit, welche in einiger Höhe augenscheinlich zunahm. Dieses regelmäßige Steigen, wobei nur weniges Schwanken bemerkbar wurde, verbunden mit dem Umstande, daß der Wind in der unteren Luftschicht sich sehr vermindert hatte, beruhigte mich fast gänzlich. Nach zwölf Minuten verschwand der Ball in den Wolken …«

Zur gleichen Zeit ist sechs Meilen vom Schauplatz des Starts entfernt, nahe der böhmischen Grenze bei Saupsdorf, ein Bauer mit einigen Knechten und Mägden bei der Feldarbeit. Heute arbeiten sie auf dem Wachberg. Plötzlich vernehmen sie ein Geräusch ähnlich dem Heulen des Windes, schauen auf – der Rechen fällt aus der Hand. Was kommt dort vom Himmel herunter? Ein Drachen etwa? Sie haben doch gerade erst den Kometen gesehen. Kommt nun gar eine Gesandtschaft Gottes? Vor Angst und Schrecken fallen sie auf die Knie, beten zum Herrgott. Aber dann eilen sie hin zu jener Stelle, wo das, was da vom Himmel herabgestürzt ist, liegen müßte. Kaum trauen sie ihren Augen: Sie finden in dem Geäst junger Fichten, die hier einen recht dichten Wald bilden, einen Korb, eine Gondel, die Reste eines Ballons. Und in dem Korb – wahrhaftig, darin liegt eine junge Frau, die Lippen und Nägel blau, die Augen weit geöffnet, bewegungslos. Ist sie tot? Das ist für die Landarbeiter, die staunend die Herabgestürzte betrachten, unfaßlich. Nach Verlauf einiger Minuten, so schilderte Gottfried Reichard diese Situation, habe seine Frau in völliger Geistesabwesenheit häufig die Fragen wiederholt: Wo bin ich? Wo ist mein Ball? ohne die Antworten anzuhören. Man bringt sie in die Wohnung des Herrn Erb- und Lehnrichters Johann Christlieb Thiermann, wo sie alsbald wieder zu sich kommt. »Am folgenden Tag«, so heißt es in der »Beschreibung der von Wilhelmine Reichard geb. Schmidt unternommenen dritten Luftreise«, verfaßt von ihrem Ehemann, »strömten aus der ganzen umliegenden Gegend einige hundert Menschen herbei, um die Person zu sehen, welche in einer so großen Gefahr der besonderen Obhut der Gottheit wert gewesen zu sein schien.«

Man mag es kaum glauben, aber Wilhelmine Reichard hat bei ihrer dritten Luftreise eine Höhe von etwa 8000 m erreicht, eine Höhe, die sie bei keiner der noch folgenden 14 Fahrten wieder erreichen wird. Doch in dieser Höhe wurde sie bewußtlos, nachdem sie noch ihre Meßinstrumente hatte beobachten können. Die Gondel befand sich nur noch selten unter dem Ball, wurde von heftigen Windstößen mitsamt dem Ballon hin- und hergetrieben. Wilhelmine beschreibt ihren Sturz mit folgenden Worten: »... ich erwachte nur noch auf einen Augenblick, und dieser war der schrecklichste meines Lebens. Ich fand mich in dem Schiffchen liegend, und das Barometer war meinen Händen entsunken ... mein Blick fiel sogleich auf den Ball. Man denke sich, welches Entsetzen mich ergriff, als ich ihn gänzlich zersprengt, alles Gases entledigt, und stückchenweise durch das zerrissene Netz flattern sah ... Mit Blitzesschnelle die Wolken durchschneiden, mich der Erde sehr nahe erblicken, war das Werk eines Augenblickes. Doch faßte ich die Möglichkeit ins Auge, gerettet werden zu können, wenn vielleicht schlanke Bäume in ihre Gipfel mich aufnähmen.« Es ist ein glücklicher Zufall – oder ist es eine göttliche Fügung?, daß Wilhelmine diese Ballonfahrt nicht mit dem Leben bezahlte.

In allen bekannt gewordenen Mitteilungen werden die außerordentliche Sicherheit dieser Frau, ihre Gewandheit auch unter schwierigen Bedingungen, ihr Mut, ja, ihre Keckheit rühmend erwähnt. Insgesamt 17 Ballonfahrten wagt sie. Sie steigt von Berlin, von Dresden, von Hamburg auf. Sie startet in Aachen und in Brüssel, in Prag und in Wien und wird vom österreichischen Kaiser fürstlich belohnt. Bei ihrer letzten Reise im Jahre 1820 steigt sie während des Münchener Oktoberfestes auf.

Wilhelmine Reichard gebührt der Ruhm, die erste Ballonfahrerin Deutschlands zu sein. Ihre Fahrten, wie auch die ihres Mannes, waren durchaus gewinnreiche Unternehmungen. Das Ehepaar verstand es, die Aufstiege mit Hilfe eines »Rahmenprogrammes« geschickt zu vermarkten. Die gewonnenen Geldmittel setzen die Reichards ein zur Gründung einer chemischen Fabrik im Plauenschen Grund nahe Dresdens, die zur Quelle des späteren Wohlstands der Familie wird. Dazu hat Wilhelmine mit ihren Luftreisen in nicht geringem Maße beigetragen. Hingegen wird berichtet, daß der wissenschaftliche Ertrag der Reisen nur gering sei. Möglicherweise sind aber auch Beobachtungen, die für die Wissenschaft von Belang gewesen wären, verlorengegangen. Zudem war es auch nicht vornehmlicher Zweck der Reisen, der Wissenschaft zu dienen.

Ab 1820 vertauscht Wilhelmine Reichard die Rolle der gefeierten Heldin in glanzvoller Öffentlichkeit mit der Rolle der sorgenden Familienmutter. Vor vielen Jahren schon hat sie Braunschweig, ihren Geburtsort, verlassen und sich mit ihrem Mann den Plauenschen Grund bei Dresden zur neuen Heimat erwählt. Man kann vermuten, daß dies nicht nur eine räumliche Trennung ist. Sachsen, und hier besonders Freital, wird ihr und ihrer Familie zum Ort der Geborgenheit und zur inneren Heimstatt. Sieben Kinder hat sie dort zu erziehen, nachdem eines früh gestorben ist. Ihrem Mann ist sie eine zuverlässige Ratgeberin, die seine Unternehmungen mit weiblicher Klugheit begleitet. Warmherzig widmet sie sich Kindern und Enkeln, teilnahmsvoll ihren Mitmenschen. Sie stirbt am 23. Februar 1848, vier Jahre nach dem Tod ihres Mannes und wird auf dem Friedhof Freital-Döhlen beigesetzt. Welche Bedeutung ihre Ballonfahrten für sie selbst hatten, bekannte sie mit folgenden Worten: »Gleich einem Sonnenstäubchen im Weltall schwebend, seiner Winzigkeit sich so augenscheinlich bewußt werdend – ein Anblick, der, wie oft er sich mir auch noch erneuen möge, nie mich kalt lassen wird.«

CLARA SCHUMANN

1819–1896

ZEITTAFEL

1819, 13. September als Tochter des Pianofabrikaten und Klavierpädagogen Friedrich Wieck und seiner Ehefrau, der Konzertpianistin Marianne geb. Tromlitz in Leipzig geboren

1828 1. öffentliches Konzert im Gewandhaus in Leipzig

1832–1840 Konzertreisen mit dem Vater nach Paris, Berlin, Prag und Wien

1840, 12. September Clara heiratet Robert Schumann
1840–1844 mit Schumann in Leipzig; Konzertreise mit Schumann nach Riga, Geburt der Töchter Marie (1841) und Elise (1843)
1844 Umsiedlung nach Dresden; Konzertreise mit Schumann nach St. Petersburg; Geburt der Kinder Julie (1845), Emil (1846, gest. 1847), Ludwig (1848), Ferdinand (1849)
1850–1857 Schumann als Dirigent in Düsseldorf, Clara als Klavierlehrerin; Geburt der Kinder Eugenie (1851) und Felix (1854)
1853 Besuch des 20jährigen Brahms im Hause Schumann; Konzertreisen nach Holland, innerhalb Deutschlands, nach England, nach Wien, Prag, Budapest
1856, 29. Juli Robert Schumann stirbt im 47. Lebensjahr
1856–1858 Konzertreisen nach England
1857–1863 in Berlin; weitere Konzertreisen, u. a. nach Paris (1862)
1863 Hauskauf in Baden-Baden; häufige Besuche von Brahms nach der Umsiedlung von Berlin nach Baden-Baden
1864 Konzertreise nach Königsberg, Riga, Mitau, St. Petersburg, Moskau
1873–1878 wieder in Berlin; häufige Engagements sichern die materielle Lage
1878–1892 als Klavierlehrerin am Hoch'schen Konservatorium in Frankfurt a.M.
1896, 20. Mai Tod Clara Schumanns in Frankfurt a. M. Sie wird an der Seite Robert Schumanns auf dem Alten Friedhof in Bonn begraben

EIN PROPHETISCHES WORT

Es ist das Jahr 1831. Der Sommer ist vorüber. Milde Septembersonne läßt das schon leicht gefärbte Buchenlaub im Tal der Ilm herbstlich leuchten. Da rollt eine Postkutsche in die kleine, berühmt gewordene Residenzstadt Weimar. Nachdem der Kutscher vor einem Logis am Markt Pferde und Wagen zum Stehen gebracht hat, entsteigen zwei Reisende der Chaise, ein Mann mittleren Alters und ein junges Fräulein, – oder ist es noch ein Kind? Anmutig sind die Bewegungen der Kleinen, neugierig schaut sie sich um, eine zarte Gestalt, die langen Haare geflochten und zu einem Krönchen hochgesteckt. Es ist die zwölfjährige Clara mit ihrem Vater, dem Pianofortefabrikanten Friedrich Wieck aus Leipzig. Man ist auf dem Weg nach Paris, jener Stadt, von der gesagt wird, sie sei die Hauptstadt der Virtuosität. Chopin und Paganini spielen dort, und Wiecks Clara soll dort zeigen, daß auch sie schon zu den Klaviervirtuosen gehört.

Bereits als Fünfjährige hatte der Vater sie ans Klavier gesetzt, sie ebenso streng wie fürsorglich, planvoll und maßvoll unterrichtet, damit sie einmal eine berühmte Pianistin werde. Vier Jahre später gab sie ihr erstes öffentliches Konzert im Gewandhaus in Leipzig. Der Erfolg der Kleinen berechtigt den Vater zu großen Hoffnungen. Sie lernt Partituren zu lesen, auf dem Instrument zu improvisieren und auch schon eigene Kompositionsübungen zu machen. Friedrich Wieck ist nicht nur der Lehrer, auch der um seine hoffnungsvolle Tochter besorgte Beschützer wie der Impresario der noch kindhaften Künstlerin.

Alles ist gewissenhaft vorbereitet für den Zwischenaufenthalt in Weimar. Clara soll hier den Honoratioren vorspielen, vielleicht auch dem Minister Exzellenz von Goethe oder womöglich dem Fürsten selber. Man erhofft sich Empfehlungsschreiben, mit denen sich die Türen zu den Pariser Salons leichter öffnen ließen. Aber wenig ermutigend ist die Aufnahme der beiden Reisenden in Weimar. Der Oberhofmarschall von Spiegel zeigt sich hochmütig und unfreundlich. Nein, er sei nicht bereit, Wege zu ebnen. Nein, im Theater könne die junge Pianistin kein Konzert geben. Der Herr Oberregisseur, dem Vater Wieck seinen Besuch angekündigt hatte, läßt sich gar verleugnen. »Es herrscht hier Bildung, aber großer Egoismus und Einseitigkeit«, notiert Friedrich Wieck enttäuscht in seinem Tagebuch, »so ein gewisser steifer Hofstolz und Etikette; in der Kunst Einseitigkeit, aber vorzüglich (gemeint ist: besonders) im Klavierspiel; die neueste Klaviermusik ist nicht einmal dem Namen nach bekannt.« Doch nach dieser ersten großen Enttäuschung keimt neue Hoffnung auf. Wieck lernt in Weimar den Geh.-Rat Schmidt kennen, einen Musikliebhaber, der Beethoven ebenso verehrt wie Chopin. Er ermöglicht Clara, vor einer Gesellschaft von einflußreichen und auch kunstverständigen Persönlichkeiten der Residenz die Chopin-Variationen, Op. 2 zu spielen. Sie habe das Werk während des Sommers in acht Tagen einstudiert, hatte Clara in ihr Tagebuch geschrieben, »das schwerste Musikstück, was ich bis jetzt gesehen und gespielt habe«. Fast alle Klavierspieler und Lehrer hätten die Komposition für unverständlich und unspielbar gehalten. In ihrem nächsten Konzert wolle sie sie vortragen. Dazu hat sie nun hier die Gelegenheit. Ein enthusiastischer Applaus wird der jungen Pianistin zuteil. Das Eis ist gebrochen. Man bewundert ihr Können, ihre Ausstrahlung, ihre Persönlichkeit. Aber der größte Erfolg dieses Konzertabends ist für Clara wie für ihren Vater, daß Exzellenz von Goethe, zu dem die Kunde von Claras Virtuosität gedrungen war, sie auffordern ließ, in seinem Haus am Frauenplan vorzuspielen.

Pünktlich um 12 Uhr am 1. Oktober stellen sich Vater und Tochter ein. Sie werden auch sogleich vorgelassen, werden ja von dem zweiundachtzigjährigen Minister erwartet. »Er empfing uns sehr freundlich; Clara mußte sich zu ihm auf das Sofa setzen«, berichtet Wieck über diesen Besuch. Nachdem auch die Schwiegertochter mit ihren Kindern – das eine zwölf Jahre alt wie Clara, das andere um zwei Jahre jünger – erscheint, wird die junge Künstlerin aufgefordert zu spielen. Und wie sie spielt! Goethe lobt die große Fertigkeit des Vortrags, Claras Eindringen in die Komposition und – er lädt sie ein, am 9. Oktober noch einmal zum Vorspielen zu kommen. Welch ein Erfolg für die Reisenden! Beeindruckt von der jungen Pianistin und ihrer schon so ausgeprägten Persönlichkeit urteilt Goethe: »Dies Mädchen hat mehr Kraft als sechs Knaben zusammen!« – prophetische Worte über Clara, die Strahlende, die aus diesem Kraftpotential während ihres ganzen Lebens schöpfen muß. Ihr Klavierspiel hat ihr in Weimar alle Tore geöffnet, auch das des Schlosses. Sie kann vor dem Großherzog Karl-August von Sachsen-Weimar und der geladenen Prominenz brillieren, kann die anfängliche Gleichgültigkeit in Weimar überwinden und mit ihrer kraftvollen Musikalität die Menschen zum Zuhören bringen.

Ist es ein Wunder, daß ihr Vater Friedrich Wieck sie als seinen Lebensinhalt betrachtet, ja, als sein »Werk«? »Ich habe Dir und Deiner Ausbildung fast zehn Jahre meines Lebens gewidmet«, schrieb er Clara zu ihrer Einsegnung ins Tagebuch, »bedenke, welche Verpflichtungen Du hast!« Diese besitzergreifende Vaterliebe muß zum Konflikt im Leben der heranreifenden Pianistin führen, denn neben ihrem Vater wird ein zweiter Mann entscheidend für sie: Robert Schumann. Er ist fast zehn Jahre älter als sie, als Musikschüler des Vaters eine Zeitlang im Wieck'schen Hause mitlebend. Und er ist der Mann, zu dem die junge Clara eine tiefe Zuneigung entwickelt. Das kann nicht gut gehen. In Schumann sieht Vater Wieck ein Hindernis für die Karriere seiner Tochter, eine Bedrohung gar. Nichts läßt er unversucht, die Beziehung der einander Liebenden zu zerstören. Nun braucht Clara jene Kraft, die Goethe ihr zugetraut hat. Unbeirrt bleibt sie in ihrer Liebe zu Robert, trotz aller Einwendungen des Vaters, trotz seiner Bösartigkeiten gegenüber Schumann. Unbeirrt wirbt sie auch für ihn bei ihrem Vater. Vergeblich. Oft an den Grenzen ihrer psychischen Kraft setzt sie ihre Konzertreisen fort. Und sie erhält auch weiterhin begeisterte Ovationen für ihr künstlerisch gereiftes Klavierspiel. »Unaussprechliche Freude« empfindet sie, wenn sie nach langem Warten auf so manchem Umweg endlich einen Brief von Schumann erhält. »Ich bekam das Zittern am ganzen Körper vor Freude«, schreibt sie im November 1837 aus Prag an Robert. Zugleich macht sie ihm klar, daß sie nicht verheiratet werden möchte,

Relief des Ehepaars Clara und Robert Schumann.

nicht zum Altar geführt werden wie ein Kind in die Schule. »Nein, Robert! Wenn Du mich Kind nennst, das klingt so lieb, aber, aber wenn Du mich Kind denkst, dann tret ich auf und sage: Du irrst!« Da zeigen sich die Kraft und das Selbstbewußtsein der jungen Frau, ihr Streben nach Selbständigkeit und Unabhängigkeit nicht nur vom Vater, auch von dem geliebten Mann. Aus diesem Streben heraus ist sie nicht bereit, sich mit der althergebrachten Rollenverteilung abzufinden. Sie will künftig beides sein, Künstlerin und Ehefrau. Die junge Clara Wieck scheint wirklich mehr Kraft zu haben, »als sechs Knaben zusammen«.

Noch einmal versucht Clara, den Vater umzustimmen, er möge in die Heirat einwilligen. Sie hat ihn schon lange nicht mehr gesehen und ist nun zunächst von seinem Anblick betroffen. »Doch stimmte mich ein wehmütiger Blick von ihm weich, so waren es seine rauhen Worte, die mich wieder verletzten und erkälteten. Ich begreife seine Härte nicht und seinen entsetzlichen Haß auf Robert, den er früher so sehr liebte.« Der Vater bleibt unversöhnlich. Erst mittels einer Eingabe an das Appellationsgericht wird im Sommer 1840 die Heiratserlaubnis des Vaters erwirkt. Den Kampf um den geliebten Mann mit dem trotz allem verehrten Vater durchzuhalten, die eigenen Pläne durchzusetzen gegen alle Widerstände, dazu brauchte sie wahrlich »mehr Kraft als sechs Knaben zusammen«.

Am 12. September 1840 tritt das Paar in der Dorfkirche von Schönefeld bei Leipzig vor den Traualtar.

Clara beendet ihr Mädchentagebuch, das der Vater vor 21 Jahren begonnen hatte, mit folgenden Worten: »Nichts störte uns an diesem Tag, und so sei er denn auch in diesem Buche als der schönste und wichtigste meines Lebens aufgezeichnet. Eine Periode meines Lebens ist nun beschlossen; erfuhr ich gleich viel Trübes in meinen jungen Jahren schon, so doch auch manches Freudige, das ich nie vergessen will. Jetzt geht ein neues Leben an, ein schönes Leben, das Leben in dem, den man über alles und sich selbst liebt, aber schwere Pflichten ruhen auch auf mir, und der Himmel verleihe mir Kraft, sie getreulich wie ein gutes Weib zu erfüllen – er hat mir immer beigestanden, und wird es auch ferner tun. Ich hatte immer einen großen Glauben an Gott und werde ihn ewig in mir erhalten.« Die schöpferische Kraft, die von beiden ausgeht, der lebendige Austausch zwischen Clara und Robert beförderte das Künstlertum beider. Doch Schumanns Gemütserkrankung setzt dieser von außen als ideal angesehenen Künstlerehe ein frühes Ende. Erst fünfunddreißig Jahre alt ist Clara, als ihr Mann

Dorfkirche in Schönefeld/Leipzig, in der Clara und Robert getraut wurden.

nach einem Selbstmordversuch in eine Heilanstalt kommt, in der er zwei Jahre später stirbt, ohne daß sie ihn in der Zwischenzeit gesehen hat. Clara, die gefeierte Künstlerin und inzwischen Mutter von sieben noch lebenden Kindern, muß nun allein entscheiden, Konzertpläne entwerfen und auf ihren vielen Tourneen die finanziellen Mittel für die Versorgung der großen Familie einspielen. Goethes prophetische Worte bewahrheiten sich wiederum. Ohne ihr großes Kraftpotential hätte sie ihre Lebensaufgaben nicht meistern können, sie hatte wohl wirklich »mehr Kraft als sechs Knaben zusammen.«

LOUISE OTTO-PETERS

1819–1895

ZEITTAFEL

1819, 26. März als letztes Kind von 6 (davon 2 als Säuglinge gestorben) in Meißen geboren; die Eltern: Fürchtegott Wilhelm Otto, Gerichtsdirektor und Charlotte, geb. Matthäi, Tochter eines Porzellanmalers

1831 das 1. Gedicht geschrieben

31. Dezember Tod der Schwester Clementine

1835/36 Tod beider Eltern

1840, Juli Verlobung mit dem Dresdner Advokaten und Dichter Gustav Müller, der zehn Monate später ebenfalls verstarb

1842/1846 Zahlreiche Veröffentlichungen unter »Otto Stern«; Novellen und Romane; Reise nach Thüringen, Westfalen, Braunschweig; Beiträge für »Unser Planet« und für die »Sächsischen Vaterlandsblätter«, Aufgabe des Pseudonyms

1847 Begegnung mit Robert Blum; Romane und Gedichte

1848 Revolution; Beiträge für die »Leipziger Arbeiterzeitung«; Beginn des brieflichen Verkehrs mit August Peters

9. November standrechtliche Erschießung von Robert Blum in Wien

1849, 21. April 1. Heft der »Frauenzeitung« erschienen

1852/1856 Vertiefung in historische Studien; Romane

1856, November Heirat von Louise Otto und August Peters im Meißner Dom

1856/1864 journalistische Tätigkeit des Ehepaares

1864, 4. Juli Tod von August Peters

1865, Oktober Gründung des Allgemeinen Deutschen Frauenvereins (ADFV) in Leipzig, 1. Vorsitzende Louise Otto-Peters, Schriftführerin Auguste Schmidt

1865–1890 Vereinstätigkeit; Herausgeberin des Vereinsorgans »Neue Bahnen«; Gründung einer höheren Töchterschule in Leipzig; Frauen als Hörerinnen an der Universität Leipzig zugelassen

1894 Gründung des Bundes deutscher Frauenvereine mit Auguste Schmidt als 1. Vorsitzende; Ausschluß politischer, d. h. proletarischer Frauenvereine

1895, 13. März Tod von Louise Otto-Peters in der Reudnitzer Wohnung, Kreuzstraße 29; bei ihr war in den letzten Stunden Dr. Anna Kuhnow, Leipzigs erste Ärztin

BEWEGUNG – EINE NEUE LEBENSMELODIE

Den hellen Mantel locker über das grauwollene Reisekleid gestreift steht eine junge Frau auf dem Platz vor dem majestätischen Dom in Braunschweig. Voller Bewunderung gleiten ihre erwartungsvoll blickenden Augen über die Fensterbögen und das Mauerwerk des alten Gotteshauses. Sie wollen all das Neue, das Unbekannte und Schöne aufnehmen. Durch das breite Portal betritt die Reisende nun das Innere der Kirche. Von der Größe des Raumes fühlt sie sich fast überwältigt. Sie setzt sich in eine der Bänke. Hier kann sie ein wenig ausruhen, sich umschauen, aber auch Rückschau halten. Nachdenklich holt sie noch einmal das Empfehlungsschreiben aus der kleinen Reisetasche, das der Oberbibliothekar der Königlichen Bibliothek in Dresden, Herr Gustav Klenn, der »Bürgerin Otto«, ihr, Louise Otto, mit auf die Reise gegeben hatte. Es hatte ihr schon manchen Weg geebnet und manche Tür geöffnet.

Freunde hatten ihr zugeredet, die Reise zu wagen, den Horizont zu erweitern. Verwandte und andere Freunde hatten sie davor gewarnt, wollten ihr das Abenteuer ausreden. Unschicklich sei es, daß eine 26jährige junge Frau allein auf Reisen ginge und überhaupt lauerten Gefahren überall. Sie könne überfallen, ausgeraubt, gar erschlagen werden. Nun, ihre Reisekasse, das Honorar für ihr Buch »Die Freunde«, hat sie wohl verwahrt. Die Barschaft ist allerdings inzwischen recht zusammengeschmolzen. Louise bedenkt, wohin dieses Unternehmen sie schon geführt hat. Durch Thüringen war sie gereist, nach Westfalen gekommen, sie hatte den Harz erlebt und ist nun in Braunschweig angelangt. Sie nimmt sich vor, den Freunden daheim in Leipzig zu erklären, wie wichtig diese Reise für sie ist. Ja, die Reise beweist ihr, daß sich eine Frau auch ohne männliche Begleitung bewegen kann. Man darf sie nicht daran hindern, selbständig ihre Wege zu gehen, auch neue Bahnen zu beschreiten, sie nicht zurückhalten, wenn sie sich vorwärtsbewegen will. Sich bewegen ... Da kommt ihr ein Bild vor das innere Auge: Vor einigen Jahren, richtig, es war im Jahr 1839 und sie war gerade 20 Jahre alt, da erlebte sie, wie die schnaubend und stampfend sich vorwärtsbewegende Lokomotive die Wagen der ersten Dampf-Eisenbahn-Linie von Dresden nach Leipzig zog. Wie beeindruckt war sie von dem technischen Fortschritt! Bewegung! Nicht nur in der Technik, überall müsse sich etwas bewegen, auch in der Gesellschaft. Der Gedanke hatte sie nicht mehr losgelassen. Mit Stolz denkt Louise an ihre Romane, in denen sie diesem Gedanken Gestalt geben konnte. Und dankbar ist sie hier an diesem Ort, daß sie ihr Talent zum Schreiben hat entfalten können. Wehmütig gedenkt sie ihrer so früh verstorbenen Eltern. Aber sie hatten ihr ein kleines Vermögen hinterlassen, so daß sie der Broterwerb nicht drückte. Ihr liberal denkender Vater hatte sie zudem frühzeitig aufgeschlossen für soziale Fragen. Von ihm hatte sie gelernt, politisch zu denken und zu handeln. Es ist gut, daß das Leben für sie eine Perspektive bereitgehalten hatte, die sie nur erkennen mußte, um ihren eigenen Weg gehen zu können.

Louise erinnert sich an die hinter ihr liegenden schlimmen Jahre. Sie denkt an Clementinens, der geliebten Schwester, Tod, da war Louise noch ein Kind von 12 Jahren. Wenige Jahre später dann der Tod der Eltern und wiederum einige Jahre darauf der Tod des Bräutigams. Aber nun ist sie entschlossen, ihren Platz in der Gesellschaft mit Herz und Verstand zu behaupten. Und damit hatte sie ja bereits vor zwei Jahren begonnen. Sie weiß es noch genau. Es war wohl einer der spannendsten Augenblicke ihres jungen Lebens. Der Leipziger Buchhändler und Verleger Robert Blum, Herausgeber der »Sächsischen Vaterlandsblätter«, hatte in seiner Zeitung in einem Artikel die Frage aufgeworfen, ob die Frauen ein Recht hätten zur Teilnahme an den Interessen des Staates. Da hatte sie sich hingesetzt und eine Antwort geschrieben, freudig und auch zweifelnd, ob man sie verstehen werde, sie nicht anmaßend finden werde. Lautete doch ihre Antwort, es sei nicht nur ein Recht, sondern die Pflicht der Frauen, sich am Staatsleben zu beteiligen. Die Zeitung druckte die Antwort, die sie, alle Bedenken beiseite schiebend, sogar mit ihrem eigenen Namen, mit »Louise Otto«, unterzeichnet hatte. Wann immer sie sich davor zu politischen oder gesellschaftlichen Fragen in einer Zeitung geäußert hatte, unterschrieb sie ihre Stellungnahmen mit dem männlichen Pseudonym »Otto Stern«. Es ist so ungerecht, findet Louise, daß es den Frauen untersagt ist, sich zu derartigen Themen zu äußern. Und sie wollte doch gehört werden, wollte gelesen werden, wollte etwas bewegen. Dabei denkt sie nicht nur an sich, sondern mehr noch an die vielen Frauen, die, anders als sie, in Not und Abhängigkeit leben müssen. Ihnen will sie helfen, sich aus den Zwängen zu befreien, freiere Luft zu atmen.

»Bewegung« wird zu einem Leitthema für Louise Otto, wird zur Melodie ihres Lebens.

Reich an Erlebnissen, an gewonnenen Erfahrungen und Einsichten, kehrt die Reisende nach Leipzig zurück. Dort erfährt sie von der blutigen Demonstration gegen den sächsischen Thronfolger im August des Jahres 1845. Sieben Menschen wurden erschossen. Ist sie deshalb eine leidenschaftliche Republikanerin geworden? Wurde sie wegen ihrer »Lieder eines deutschen Mädchens« die »Lerche des Völkerfrühlings« genannt?

Louise verfolgt ihre Idee, die engen Schranken der Familie für die Frauen zu öffnen, weiter. Den Mädchen will sie zu besserer Erziehung und Ausbildung verhelfen. Sie plant eine eigene Zeitung für die Frauen. Dabei wird ihr der erfahrenere Robert Blum zum Freund wie zum Ratgeber. Doch ihr Leben spielt sich vor dem Hintergrund der politischen Ereignisse jener Zeit ab, und die greifen auch in ihr Leben ein.

Ob in Österreich, im preußischen Berlin, im sächsischen Dresden, ob in Baden, in der Schweiz, in Frankreich oder in Polen – überall gärt es. Der Ruf nach Freiheit wird laut, nach Gleichberechtigung aller Bürger, nach einer neuen, einer republikanischen Verfassung. Längst sind die Forderungen der Französischen Revolution von 1789, die Forderungen nach Freiheit, Gleichheit, Brüderlichkeit durch reaktionäre Regierungen unterdrückt worden. Dagegen lehnen sich die Bürger vielerorts auf, auch im habsburgischen Wien. Einige Abgeordnete der Frankfurter Nationalversammlung, unter ihnen auch Robert Blum, eilen nach Wien, um ihre Solidarität mit den Aufbegehrenden zu bekunden und sie in den Kämpfen gegen die kaiserlichen Truppen zu unterstützen. Vergeblich. Nicht die Republikaner, nicht die Freiheitskämpfer siegen. Die Generäle waren es, die die Revolution erstickten. Ein rasches und blutiges Gericht beendet alle Freiheitsträume. Am 9. November 1848 wird Robert Blum in Brigittenau bei Wien widerrechtlich erschossen. 41 Jahre alt ist er geworden.

Diese so völlig unerwartete Nachricht macht Blums Frau Eugenie fassunglos. Und auch Louise Otto ist zutiefst betroffen. Doch als Eugenie in ihrer Trauer zu verharren droht, ist es Louise, die der Freundin Trost zuspricht und den Blick nach vorn richtet. Hatte der Bote nicht auch die letzten Worte des sterbenden Robert Blum übermittelt? »Ich sterbe für die Freiheit!« Das klingt für Louise wie ein Vermächtnis, wie eine Verstärkung, den einmal eingeschlagenen Weg weiterzugehen: Den Kampf um die Befreiung der Menschen fortzusetzen. Das heißt für sie, in besonderem Maße für die Rechte der Frauen zu kämpfen. Wieder klingt es auf, das Thema ihres Lebens: etwas bewegen wollen. Wenige Monate später, am 21. April 1849, erscheint das erste Heft ihrer »Frauenzeitung« unter dem Motto »Dem Reich der Freiheit werb ich Bürgerinnen«. Einen Teil des von den Eltern ererbten Vermögens stellt sie zur Verfügung, um das Erscheinen der Zeitung zu sichern. Das ist ihr ganz persönlicher Beitrag.

Doch im Zuge der reaktionären Strömungen nach dem Scheitern der demokratischen Bewegung von 1848 muß Louise Otto nicht nur Zensur über ihre Pressearbeit ergehen lassen. Die Freundschaft zu Blum, in dem man nicht den überzeugten Republikaner sehen will, sondern den Aufrührer, trägt ihr sogar Hausdurchsuchungen ein. 1850 wird ein neues »Sächsisches Pressegesetz« eingeführt, auch »Lex Otto« genannt. Es verbietet eine weibliche Redaktion. Also verlegt Louise Otto den Erscheinungsort ihrer Zeitung von Sachsen ins benachbarte Thüringen. Zwei Jahre später kommt dann das endgültige »Aus« für die Zeitung.

Kurz vor dem Erscheinen der ersten Ausgabe der »Frauenzeitung« lernt Louise Otto den Schriftsteller und Journalisten August Peters kennen, der sich ebenso wie sie leidenschaftlich für die Sache der Freiheit engagiert. Dafür wird er mit einer mehrjährigen Gefängnishaft bestraft. Nach seiner Haftentlassung heiraten Louise Otto und August Peters im November des Jahres 1856 im Dom zu Meißen. Doch Peters erliegt nach nur achtjähriger Ehe einem Herzleiden. Seine Frau unterzeichnet hinfort ihre Publikationen mit »Louise Otto-Peters«.

Das Thema, durch Bewegung Freiheit zu gewinnen, läßt Louise Otto-Peters nicht mehr los. Mit ihrem Eintreten für die Verbesserung der Mädchenbildung hat sie bereits indirekt den Grundstein für die Frauenbewegung gelegt. Mit der Gründung des »Allgemeinen Deutschen Frauenvereins« (ADFV) im Oktober 1865 in Leipzig durch Louise Otto-Peters, Auguste Schmidt und andere Frauen wird dieser Bewegung auch äußerlich eine Form verliehen. Die Frauen organisieren sich. In den Satzungen des Vereins, dessen erste Vorsitzende Louise Otto-Peters wurde, heißt es:

§ 1 Der Allgemeine deutsche Frauenverein hat die Aufgabe, für die erhöhte Bildung des weiblichen Geschlechts und die Befreiung der weiblichen Arbeit von allen ihrer Entfaltung entgegenstehenden Hindernissen mit vereinten Kräften zu wirken.

Das Thema, das zuerst nur bei wenigen leise anklang, schwillt an zu einer kräftigen Melodie. Sind es anfänglich nur einige Frauen, die wie Louise Otto-Peters erkennen, daß sich durch Bewegung etwas verändern läßt, sind am 15. Juli 1868 zum 25jährigen Schriftstellerjubiläum der Kämpferin für die Sache der Frauen mehr als tausend Frauen in den Großen Saal der Leipziger Buchhändlerbörse gekommen. Sie alle wollen jene Frau ehren und mit einem großen Fest feiern, die sich so unermüdlich eingesetzt hat, um die Frauen aus der Unmündigkeit herauszuführen, sie hinzubewegen zu größerer Selbständigkeit und Selbstachtung: Louise Otto-Peters.

1895, als Louise Otto-Peters stirbt, war die wirtschaftliche Unabhängigkeit der Frauen noch nicht erreicht. Dennoch hat sich viel bewegt. Das Vormundschaftsrecht der Männer über unverheiratete Frauen ist aufgehoben worden. Dabei ist Sachsen der Vorreiter (bereits 1838). Den Mädchen sind größere Bildungs- und Ausbildungschancen eingeräumt worden. Ehefrau zu sein wird nicht mehr als der einzige passende Beruf für die Frauen angesehen. Zunehmend kommen sie als gelernte Kräfte auf den Arbeitsmarkt, drängen sich in akademische Berufe. Diese Entwicklung ist durch Louise Otto-Peters vorangebracht worden, die den »Kampf für die Würde und das Recht der Frauen« zu ihrem Lebensinhalt gemacht hatte.

HENRIETTE GOLDSCHMIDT

1825–1920

ZEITTAFEL

1825, 23. November als Tochter des wohlhabenden jüdischen Großkaufmanns Levin Benas in Krotoschin/ Provinz Posen geboren; fünf ältere Geschwister, von denen vier früh verstarben

1830 Geburt der Schwester Ulrike, die vertrauteste Freundin und später auch Mitkämpferin wird

Tod der Mutter

acht Jahre Schulzeit, elementare Bildung, erweitert durch häusliche Gespräche mit gelehrten Freunden des Elternhauses und durch Lektüre

1853 Vermählung mit dem Rabbiner Dr. Abraham Meyer Goldschmidt, Vater von drei Söhnen

1858, 8. März Übersiedlung der Familie Goldschmidt nach Leipzig

um 1860 Begegnung mit Louise Otto und Auguste Schmidt; autodidaktische Studien der Philosopie, Pädagogik, Literatur und Geschichte

1865, Oktober Mitgründerin des Allgemeinen Deutschen Frauenvereins; Vorträge zur Frauenfrage; Eindringen in die Schriften Friedrich Fröbels

1871, Dezember Gründung des »Vereins für Familien- und Volkserziehung«, der der hauptsächliche Träger der in den folgenden Jahren gegründeten Einrichtungen wurde

1872 Einrichtung des ersten Volkskindergartens
Gründung des Seminars für Kindergärtnerinnen

1878 Eröffnung des »Lyzeums für Damen«, 1916 umbenannt in »Fröbel-Frauenschule«
Herausgabe von Schriften zur Pädagogik Friedrich Fröbels

1889, 5. Februar Tod von Abraham Meyer Goldschmidt
Erwerb des Hauses Weststr. 16 durch den Verein als Zentrum der Begegnung; nach ihrem Tod »Henriette Goldschmidt-Haus« genannt

1911 Gründung der »Hochschule für Frauen in Leipzig«; zahlreiche Ehrungen

1918 Einweihung des »Henriette-Goldschmidt-Kindertagesheimes«

1920, 30. Januar Tod von Henriette Goldschmidt; sie fand ihre letzte Ruhestätte auf dem Alten Jüdischen Friedhof an der Berliner Straße in Leipzig an der Seite ihres Mannes

ERINNERUNGEN SIND GELEBTES LEBEN

Es ist das Jahr 1915. Auf den Schlachtfeldern des Ersten Weltkrieges hallt der Donner der Kanonen wider. In dieser Zeit versammeln sich in Leipzig die Vertreterinnen des »Allgemeinen Deutschen Frauenvereins«, um die Fünfzigjahrfeier ihrer Institution festlich zu begehen. Die meisten Ehrengäste haben ihre Plätze bereits eingenommen. Aller Augen richten sich nun auf einen ganz besonderen Ehrengast, der behutsam in den Saal geführt wird: eine kleine zierliche alte Dame, alle kennen sie. Es ist Frau Henriette Goldschmidt. Sie wirkt so zerbrechlich unter der Last ihrer neunzig Jahre. Das silberweiße Haar umrahmt ein gütiges Gesicht, aus dem die großen Augen teilnehmend auf die Festversammlung, auf all das Treiben blicken.

Vor fünfzig Jahren hatte sie, die nun so feierlich begrüßt wird, zu den Gründerinnen des Vereins gehört, aber nur sie als einzige von ihnen kann heute diesen Festtag miterleben. Louise Otto-Peters starb vor über zwanzig Jahren, und seit dem Tod von Auguste Schmidt, der anderen Mitbegründerin, sind auch schon mehr als zehn Jahre vergangen. Wer ein solches Alter erreicht hat wie sie, Henriette Goldschmidt, hat schon vielen Menschen »ade!« sagen müssen. Der Ehemann starb, die geliebte seelenverwandte Schwester Ulrike. Und der Tod des ältesten Stiefsohnes schmerzte sie sehr. Aber da war immer wieder die Arbeit, die Arbeit an ihrer Lebensaufgabe.

Wie hat sich die Gesellschaft verändert seit jenem Jahr 1865, als sich die Frauen zusammengeschlossen hatten, um für die geistige Befreiung aller Frauen zu kämpfen! Beseelt waren sie von ihrer Idee und bereit, für das Recht der Frauen gegen Hindernisse und Widerstände zu kämpfen.

Mit wachem Verstand, den sie sich bis in ihr biblisches Alter hat bewahren können, lauscht Henriette Goldschmidt dem Festvortrag in dem großen Saal, hört von Erreichtem, von den Erfolgen und von dem, was jetzt in der Kriegszeit von den Frauen erwartet wird. Sie sorgt sich um die Lage des geliebten Vaterlandes, das sie von allzu vielen Feinden bedroht sieht. In ihrem glänzenden Gedächtnis sind viele Stationen ihres Lebens aufbewahrt. Die Erinnerungen werden übermächtig, und die Gedanken wandern zurück…

Jetzt denkt sie besonders an den Oktobertag 1911; vor vier Jahren war es, und dieser schreckliche Krieg hatte noch nicht begonnen. Da war sie am Ziel ihres Strebens, sie konnte ihren Lebenstraum verwirklichen. Eine großzügige Schenkung ermöglichte ihr die Eröffnung einer »Hochschule für Frauen in Leipzig«. Es war ein wunderbarer Festtag, gerade so wie der heutige, für sie, die damals Sechsundachtzigjährige und all die Förderer und Mitglieder des von ihr gegründeten »Vereins für Familien- und Volkserziehung«. Der Oberbürgermeister der Stadt sprach anerkennende Worte und beglückwünschte die Anwesenden. Noch heute klingen in der nun Neunzigjährigen die Lieder des Universitätskinderchores nach, der die festliche Stunde umrahmte. Die neue Hochschule sollte keine Konkurrenz zur Universität sein, sondern sie als eine höhere pädagogisch-soziale Bildungsstätte ergänzen. Dazu gratulierte auch der Universitätsrektor. Sie hatte erreicht, wonach sie gestrebt hatte: Bildungsmöglichkeiten für die weibliche Jugend zu schaffen vom Kindergarten bis zur Hochschule und dabei das Pädagogische mit dem Sozialen zu verbinden.

Die Erinnerungen lassen die Greisin nicht mehr los, gehen zurück zu den Anfängen. Es ist schon so lange her, aber die alten Bilder sind nicht verblaßt, haben ihre ursprüngliche Helle, ihre Farbigkeit vor dem inneren Auge bewahrt. Da kommt das eine Bild zurück, mit dem hier alles anfing...

Es war zur Zeit der Frühjahrsmesse des Jahres 1858, als sie mit ihrem Ehemann, dem Rabbiner Dr. Abraham Meyer Goldchmidt und drei kleinen Söhnen aus dem Osten, aus dem zaristischen Reich hierher gekommen war. Sie wollten künftig ihr Leben in Leipzig führen. Nach nur sechsjähriger Ehe war ihrem Mann in Warschau dessen erste Frau, die Mutter seiner drei Söhne, durch den Tod entrissen worden. Sie, Henriette, die damals noch den Familiennamen Benas trug, hatte bald darauf dem Werben ihres Vetters nachgegeben und war ihm nach Warschau gefolgt. Sie wurde seine zweite Ehefrau und den Kindern eine liebevolle Mutter. Auch jetzt, nach so vielen Jahren, erinnert sie den Tag genau. Es war der 8. März 1858, als die Familie Leipziger Boden betrat. Wie eine Erlösung empfand sie es – und so denkt sie auch heute –, daß ihr Mann die Stelle eines Predigers bei der israelitischen Gemeinde in Leipzig angenommen hatte, denn die fünf Jahre in Warschau unter der tyrannischen Herrschaft des Zaren Nikolaus I. waren ihr ein Höllentraum. Inzwischen hat sie ihre Gefühle von damals aufgeschrieben: »Als wir die Grenze überschritten hatten, das unter dem zaristischen Druck aufseufzende Land hinter uns liegen sahen, war es mir, als hörte ich das erste Bundeswort am Sinai: ›Ich bin der Ewige, dein Gott, der dich geführt hat aus Ägypten, dem Land der Knechtschaft, in ein freies Land!.‹« Jedoch, ein so freies Land war das Deutschland der fünfziger Jahre nach der Revolution von 1848 nun auch nicht. Auch hier wurden freiere Regungen unterdrückt, wie die Vierunddreißigjährige alsbald bemerkte. Aber es war der Beginn des Schillerjahres von 1859, in dem jener Dichter geehrt werden sollte, der so emphatisch »Gedankenfreiheit« eingefordert hatte. Überall im Lande bereiteten die Bürger Jubelfeiern vor zu Schillers 100. Geburtstag. Und Schiller war es, für den sich Henriette seit ihrer frühesten Jugend begeisterte. Schon als Elfjährige begann sie im elterlichen Haushof in dem Städtchen Krotoschin in der Provinz Posen, Schillers Dramen zu lesen. Tief eingetaucht war sie in seine Werke, erlebte sich als Johanna von Orléans oder litt als Maria Stuart. Schillers Ideale wurden zu ihren und sollten ihr Richtschnur sein für ihr ganzes Leben. Und nun erschien es ihr als höchst bedeutungsvoll, daß sie gerade im Schillerjahr nach Deutschland kommt. Rückblickend auf ihr Leben äußerte sie später: »Die Hundertjahrfeier von Schillers Geburtstag war für mich keine Episode, sie war ein Erlebnis. Zum ersten Male war ich als Bürgerin in einer wirklich deutschen Stadt. Ich hatte den Boden gefunden, der mir geliebter Nährboden gewesen war von Kindesbeinen an, ich fühlte den Pulsschlag des Geistes, der mich beseelte.«

Ein sanftes Lächeln breitet sich über dem alten Gesicht der Henriette Goldschmidt aus, als ein anderes Bild in ihr aufsteigt …

Der erste Kindergarten
des »Vereins für Familien- und Volkserziehung« in Leipzig.

Die Wohnungsnot war groß in Leipzig Ende der fünfziger Jahre. Man mußte vorerst mit einigen Zimmern vorlieb nehmen, die für Meßfreunde bestimmt waren. Eines Tages kam die Aufwartefrau, erbat eine Bürste und anderes Gerät von ihrer Herrschaft. Doch Henriette mußte bedauernd feststellen, daß sie damit nicht dienen konnte. Die Aufwartefrau aber hatte bereits die Lage ihrer Herrschaft erkannt und meinte, ihr Trost zusprechend: »Es wird sie schon in unserem Leipzig gefallen, Leipzig ist die Stadt der Humanität!« Henriette eilte zu ihrem Ehemann, dem Rabbiner, ihn zu fragen: »Wovon wirst du sprechen, wenn die Scheuerfrau in Leipzig von Humanität spricht?« So war es damals in Leipzig, in der Stadt, von der Henriette sagte, man spüre hier zum ersten Mal eine Stimmung für die Lösung politischer, sozialer und kultureller Fragen.

Der aufklingende Beifall für den Festvortrag bringt Henriette Goldschmidt nur kurz in die Gegenwart zurück. Sie hört die Namen ihrer früheren Weggefährtinnen und sucht jetzt in ihrer Vergangenheit, wie und wo sie Louise Otto-Peters und Auguste Schmidt zum ersten Mal begegnet war...

Schade, sie weiß es nicht mehr. Hatte sie wohl in der von Louise herausgegebenen Frauenzeitung gelesen? Genau erinnert sie sich aber, daß sie damals in den sechziger Jahren nicht nur in der Familie aufgehen wollte. Sie hatte in sich Kräfte verspürt, die nach einer anderen Betätigung verlangten, nach eigenem, nach kreativem Tun. Und gerade zu dieser Zeit war es zu der Begegnung mit den beiden Frauen gekommen, die sich der Förderung der Frauen- und Mädchenbildung verschrieben hatten und um eine rechtliche Besserstellung der Frauen kämpften. Ja, wirklich, es sind nun fünfzig Jahre seitdem vergangen, seit sie gemeinsam den »Allgemeinen Deutschen Frauenverein« gründeten. Mutig waren sie gewesen. Immerhin war es eine Zeit, in der man sagte: »Ein weiblicher Mund ist unschön, wenn er über Politik spricht.« Voller Dankbarkeit denkt die alte Henriette jetzt wieder einmal an ihren Ehemann, der so liberal war und sie bei all ihren Vorhaben unterstützte. Obwohl er aus dem Ostjudentum gekommen war, lag ihm alles Orthodoxe so fern. »Wenn Frauen selbständig werden wollen, müssen sie vor allem auch selbständig ihren Weg zu finden suchen«, das war seine Rede. Wieviel geistige Unabhängigkeit gehörte dazu, so frei zu denken!

Und nun kommt der alten Dame eine weitere, für ihr Leben so entscheidende Station auf ihrem Lebensweg in den Sinn, ein Bild von großer Intensität und Farbigkeit…

Das weiß sie noch genau, wie sie vor – ach, das ist schon ein halbes Menschenalter her –, wie sie am frühen Morgen durch Leipzigs Straßen spazierenging. Da entdeckte sie an einem kleinen Haus die Inschrift »Kindergarten«. Was verbirgt sich denn hier? Neugierig geworden klingelte sie an der Haustür und stieg dann einige Stufen hinab in einen kellerartigen Raum. Eine junge Dame begrüßte sie, überrascht, daß sich jemand nach dem Kindergarten erkundigte. Es war ja noch früh, die Kleinen noch nicht da. So hatte die Kindergärtnerin Zeit, der aufmerksam Zuhörenden die Fröbelschen Beschäftigungsmittel zu erklären. Henriette erkannte schnell: »Hier ist ein Plan, ein System, eine Methode«. Bald kamen auch die Kinder zum fröhlichen Spiel, dessen »Rhythmus, Takt und Harmonie« sich sogleich auf die Besucherin übertrug. Nachdenklich kehrte sie von ihrem Spaziergang heim. Nun begann sie, die Schriften Friedrich Fröbels zu studieren. In ihm erkannte sie nicht nur den Reformator der Kindererziehung, sondern auch den Schöpfer eines Fortbildungswesens für die weibliche Jugend. Das war es, wonach sie gesucht hatte. Das wurde ihr jetzt klar. So verschmolzen sich für sie die Fragen der Frauen- und Mädchenbildung mit denen der Kindererziehung zu einem großen Zusammenhang, zu einer Einheit. Sie hatte ihren Weg zu ihrem Lebensziel gefunden: Frauen und Mädchen auszubilden, sie zu befähigen, die Fröbelschen Ideen in die Praxis umzusetzen in erzieherisches Handeln. Fröbels Leitspruch: »Kommt, laßt uns unsern Kindern leben!« wurde fortan auch ihr Leitgedanke.

Das Geburtstagsfest des »Allgemeinen Deutschen Frauenvereins« geht zu Ende. Henriette Goldschmidt kehrt zurück in die Stille ihres Heimes. Altsein, das heißt für sie: mit Erinnerungen leben. Die Gegenwart kann sie nur aus der Distanz ihrer vielen Jahre und dem Schatz ihrer vielen Erfahrungen betrachten. Die Zukunft will ihr in dieser Kriegszeit allzu dunkel erscheinen. Aber die Erinnerungen lenken den Blick auf eine überaus reiche Schaffenszeit…

Wie gut, denkt sie, daß es ihr gelungen war, mit so bedeutenden Persönlichkeiten der Stadt den »Verein für Familien- und Volkserziehung« ins Leben zu rufen, mit dessen Hilfe sie die Kindergärten gründen konnte und die Ausbildungsstätte für die Kindergärtnerinnen. Sogar ein eigenes Haus in der Weststraße 16 ließ sich für den Verein erwerben. Und mit ihren zahlreichen Büchern konnte sie ihre Ideen vor einem größeren Leserkreis ausbreiten. Es erfüllt sie mit Genugtuung, als ihr Blick auf die Carola-Medaille fällt und auf den Maria-Anna-Orden, die ihr der Sachsenkönig Friedrich August III. als Anerkennung ihrer Lebensleistung verliehen hat.

***

Vier Jahre nach diesem denkwürdigen Tag, am 30. Januar 1920, verlöschte still das Leben der Henriette Goldschmidt. Begonnen hatte es, als in Weimar noch der verehrte Geheimrat Goethe lebte. Es vollendete sich fast ein Jahrhundert später, als nach verlorenem Krieg, nach Revolution und dem Ende von Königtum und Kaiserreich ein anderes Weimar seinen Anfang nahm.

QUELLENVERZEICHNIS

Bodeit, F.: Ich muß mich ganz hingeben können, Frauen in Leipzig. – Leipzig 1990

Boetcher-Joeres, R.-E.: Die Anfänge der deutschen Frauenbewegung: Louise Otto-Peters. In: Brinkler-Gabler, Gisela (Hrsg.): Die Frau in der Gesellschaft.- Frankfurt/M. 1983

Böttger, F. (Hrsg.): Frauen im Aufbruch, Frauenbriefe aus dem Vormärz und der Revolution von 1848.- Darmstadt und Neuwied 1979

Fechter, P.: Geschichte der deutschen Literatur.- Berlin 1941

Friedenthal, R.: Goethe, Sein Leben und seine Zeit.- München 1963

Greiner-Mai, H. (Hrsg.): Literatur: Dichter, Stätten, Episoden.- Berlin/Leipzig 1985

Hasted, R.: Barbara Uthmann, histor. Roman. – Leipzig 1992

Höcker, C.: Das Leben von Clara Schumann geb. Wieck.- Berlin 1980[6]

Kemp, A.: Henriette Goldschmidt. Vom Frauenrecht zur Kindererziehung.- In: Judaica Lipsiensia, Zur Geschichte der Juden in Leipzig, hrsg. von der Ephraim Carlebach-Stiftung.- Leipzig 1994

Lange, H. und Bäumer, G. (hrsg.):Handbuch der Frauenbewegung, Teil I: Die Geschichte der Frauenbewegung.- Berlin 1901

Litzmann, B.: Clara Schumann, Ein Künstlerleben, Bd. 1.- Leipzig 1920[7]

Monjau, H.: Wilhelmine Reichard – erste deutsche Ballonfahrerin, 1788–1848. - Freital 1998
Monjau, H.: Sonnenstäubchen im Weltall.- In: Via Dresden, Airport Journal 1/1998
Oelker, P.: »Nichts als eine Komödiantin«, die Lebensgeschichte der Friederike Caroline Neuber.- Weinheim und Basel 1993
Reichard, G.: Beschreibung der von Wilhelmine Reichard geb. Schmidt unternommenen dritten Luftreise.- Dresden 1811
Schuette, M.: Alte Spitzen.- 1981[5]
Siebe, J. und Prüfer, J.: Henriette Goldschmidt, Ihr Leben und ihr Schaffen.- Leipzig 1922
Vogel, J. und Traumann, E.: Goethe als Student.- Leipzig 1910

BILDNACHWEIS

Alle Vorlagen: Archiv der Autorin und Archiv des Verlages.